Vorwort
von Dieter Wiergowski

Zunächst einmal habe ich mich sehr gefreut, als Doris Forster mich gefragt hat, ein Vorwort für ihr Buch zu verfassen.

Dies ist wirklich eine große Ehre. Ja – wir kennen uns nun seit 1991, als ich als Herausgeber der Zeitung DIE ANDERE REALITÄT eine Leserreise nach Harrogate (England) veranstaltete. Doris war eines von mehreren Medien, die wir für unsere Gruppe engagiert hatten. Die Organisation der Referenten übernahm nicht ich, sondern jemand anders. So lernte ich Doris erst vor Ort kennen, und schätzen. Das Besondere an ihr war nicht nur das Überbringen von trefflichen Botschaften aus dem Jenseits, sondern sie bestach auch durch spirituelle Weisheiten, gepaart mit einem Moderationstalent; und das noch dazu in deutscher Sprache, da sie zwar lange in England wohnte, aber in Deutschland ihre Wurzeln hat.

Schöne Gespräche hatte ich auch mit ihrem Mann Fred, den ich ebenfalls während unseres Harrogate-Aufenthaltes kennenlernte. «Das ist ein feiner Kerl», dachte ich damals. Nun ja – so begann eine wunderbare Zusammenarbeit mit Doris. Schnell merkte ich natürlich, daß sie sehr gut bei den Mitreisenden ankam. Überzeugt davon, daß sie auch in Deutschland gut ankommen wird, lud ich sie ein. Ich behielt Recht. Die ersten Seminare und Einzelsitzungen schlugen ein wie eine Bombe. Dann lud ich sie auch 1994 zu einem Kongreß nach Neuss ein, aber genau in dieser Zeit ging ihr Mann Fred in die geistige Welt. Gerne hätte ich sie damals einem sehr großen Publikum präsentiert. Es kamen damals 1.800 Menschen täglich in unser Kongreßzentrum. So kam sie danach zunächst wieder zu Seminaren und Einzelsitzungen. Ich muß sagen, in der Zeit habe ich viele Menschen erlebt, die voller Trauer zu uns kamen und nach einer Sitzung mit Doris völlig erleichtert und irgendwie glücklich wieder nach Hause gingen. Ja – ich sage bewußt «glücklich», trotz des momentanen Verlustes eines Menschen. So etwas kann kein Psychologe leisten, was Doris – und andere gute Medien – schaffen!

So hatte ich selbst immer ein Gefühl der Befriedigung, wenn Doris wieder meiner Einladung nach Deutschland folgte, da ich stets viele glückliche Menschen erlebte mit Tränen der Erleichterung in den Augen. Viele waren dankbar, wenn das Medium ihnen eindrucksvolle Botschaften von lieben Verstorbenen gab. Manche kamen, da sie nicht mehr die Gelegenheit hatten, sich vor dem Tod eines lieben Menschen von ihm zu verabschieden. Andere hatten vor dem Tod noch Streit. Diese und ähnliche Dinge konnten von vielen während einer medialen Sitzung aufgearbeitet bzw. «bereinigt» werden. In dieser Weise hat Doris einer nicht mehr zu zählenden Anzahl von Menschen unschätzbar geholfen: was wäre aus manchen geworden, wenn sie keine Sitzung gehabt hätten? Sicherlich wären einige Selbstmorde passiert; manch andere hätten ihr Leben lang Schuldgefühle, und sicherlich wäre das Leben von so einigen völlig anders verlaufen...

So trat Doris dann im Jahre 1996 zum ersten Mal bei unserem Kongreß «Karma und Reinkarnation – das menschliche Bewußtsein unter der Lupe» auf. Warum zu diesem Thema? Nun, sie hat auch die Gabe, die früheren Leben ihres Gegenübers zu sehen.
Kongreßmoderator war damals Rainer Holbe, der sie während einer Podiumsdiskussion interviewte. So wurde Doris zum ersten Mal einem größeren Publikum in Deutschland bekannt. Schließlich brillierte sie auch während ihrer separaten Beiträge; sie wurde auf eine Stufe gestellt mit der gleichzeitig auftretenden Chris Griscom. Dies war der erste Kongreß von uns, auf dem Doris auftrat – es sollten noch viele weitere werden. So begann ein «Siegeszug», der bis heute andauert. Mit

«Siegeszug» meine ich einen Sieg für ein erweitertes Bewußtsein in Bezug auf eine andere Realität. Ich weiß, daß ein solches Vorwort Doris etwas peinlich sein wird; trotzdem muß es gesagt bzw. geschrieben werden, damit der geneigte Leser einen kleinen Eindruck von der Person Doris Forster bekommt. Sie duldete nie, daß ein «Kult» um sie gebildet wird. Sie blieb immer auf dem Boden und ist sich sogar nicht zu schade, bei unseren Veranstaltungen an der Kasse und Information auszuhelfen.

Welches war der nächste Schritt? In England, dem Mutterland der Medialität, gab und gibt es wirklich viele gute Medien. Ich selbst habe dort ca. 200 bis 250 Medien persönlich kennen gelernt. Darunter waren auch etwa zehn «Ausnahme-Medien», denen ich die Note «sehr gut» verleihen würde – Doris gehört natürlich dazu.

Sie ist halt nicht nur ein sehr gutes Medium, sondern auch eine tolle spirituelle Lehrerin. In dieser Kombination kenne ich kaum jemand anderen in dieser Güteklasse. So lag es nahe, auch in Deutschland potentielle Medien auszubilden. Es entstanden somit mehrere Jahresausbildungen, in denen wirkliche Talente aus unseren eigenen Landen hervorgingen. Betonen möchte ich, daß nicht nur die Entwicklung der Medialität gefördert wurde, sondern auch die Persönlichkeit des Einzelnen. Doris bleibt nicht nur im Rahmen des englischen Spiritualismus – nein, sie läßt sich nicht begrenzen. Auch das schätze ich an ihr.

Lassen Sie mich noch etwas sagen zu dem Vorurteil, «man solle die Toten ruhen lassen».
Manche meinen, daß man keinen Jenseitskontakt herstellen solle. Für den, der das glaubt, ist es sicherlich in Ordnung. Andere, die ein anderes inneres Gefühl haben, sollten dem sicherlich nachgehen. Der Mensch hat einen freien Willen, sowohl im Diesseits wie im Jenseits. Wenn ich in meinem physischen Leben jemanden anrufe, kann dieser das Telefon-

gespräch sofort beenden mit den Worten, «ich möchte jetzt nicht reden». Auch im Jenseits sind es weiterhin Menschen mit einem freien Willen – so wie hier auch. Möchte jemand von «drüben» nicht reden, kann er einfach «nein» sagen, oder auch gar nichts.
Diejenigen, die aber sprechen möchten, tun es aus vollem freien Willen. Und genau dieser sollte meiner Ansicht nach respektiert werden, wenn Sie verstehen, was ich meine.

Ja – was soll ich noch sagen? Im Laufe der Zeit ist nicht nur eine wunderbare Zusammenarbeit mit Doris entstanden, sondern auch eine tiefe Freundschaft, die hoffentlich noch lange andauern wird. Somit wünsche ich diesem vorliegenden, wertvollen Buch eine weite Verbreitung. Vielleicht bietet es sich auch als willkommenes Geschenk an spirituell interessierte Freunde an, die gerne etwas mehr über diese andere Realität wissen möchten …

FREDS ABSCHIED

Liebe allein versucht nicht, zu gefallen, sorgt sich nicht um Ihrer selbst
Doch beschwingt sie den Empfangenden, führt ihn aus der Verzweiflung
Hölle empor

Blake

Allmächtiger Geist, bitte nimm diese Seele in Dein Licht auf. Möge sein Leiden enden. Möge das liebende Licht, das nur aus Dir erstrahlt, ihn umgeben.

Inmitten dieses Gebets, während ich an der Seite meines Ehemannes stand, konnte ich das Licht und den Frieden spüren, der das gesamte Schlafzimmer durchströmte. Anschließend ertönte leise die Stimme meiner Stieftochter. «Er ist von uns gegangen, Doris. Er hat keinen Puls mehr.» Ich betrachtete seinen Körper und konnte es nicht glauben. Ich hätte schwören können, ihn noch atmen zu sehen. Kaum merklich schien sich seine Brust mit den anstrengenden Atemzügen, wie sie es auch während der letzten fünf Tage getan hatte, zu heben und zu senken ...
Plötzlich zog ein brennender, stechender Schmerz durch meinen Solar Plexus, doch ich konnte den Blick nicht von ihm wenden, überzeugt, daß er weiterhin atmete. Bevor ich mit meinem Gebet, das seine Seele ins Licht begleiten sollte, angefangen hatte, war ein Blick in seine Augen mir Beweis genug gewesen, daß er noch alles um sich herum bewußt miterlebte.

Ich dankte ihm für seine Liebe, denn die Liebe ist ein wertvolles Geschenk, und in diesem Augenblick war ich dankbar für die Fülle an Liebe, die er mir stets geschenkt hatte.
Hände zogen an meinen Armen. «Komm, und ruh dich aus, leg dich hin, trink etwas.» Aber die ganze Zeit über spürte ich diesen quälenden

Schmerz in meinem Solar Plexus. Nach einem letzten sehnsüchtigen Blick auf sein geliebtes Gesicht verließ ich den Raum.
Nachdem alle Formalitäten erledigt waren, konnte ich immer noch nicht glauben, daß seine Seele endlich seinen physischen Körper verlassen hatte. Gedanken wie «Was soll ich jetzt nur tun?» schossen mir immer wieder durch den Kopf. Keine rationale Idee wollte mir gelingen, und ich fühlte mich verwirrt, verloren, aber nicht leer, denn der Schmerz blieb, um mich zu erinnern. Und doch, während meine Gedanken zu den vergangenen Wochen und Monaten zurückkehrten, erkannte ich, daß ich Zeuge geworden war, wie eine edle Seele sich für den Heimweg in die spirituelle Dimension vorbereitet hatte.
Ich bewunderte seinen Mut, die Weisheit, die sanfte Kraft und Energie, die er verströmte. Das ganze Haus war durchströmt von Liebe, Frieden und Licht, denn er wußte, daß er gehen würde. Einzig die Gedanken an den Schmerz, der seinen physischen Korper plagen mochte, jagte ihm ein wenig Angst ein, doch ich konnte ihn beruhigen, denn ich wußte, fühlte und spürte, daß es kaum, nur sehr wenig, oder gar keinen Schmerz geben würde – und genauso geschah es.

Die spirituelle Heilung, die ihm von mehreren, und einem ganz besonderen Freund zuteil wurde, ermöglichte ihm einen leichteren und angenehmeren Weg nach Hause. Auch die wunderbare Unterstützung des Arztes und der Schwestern hatten Anteil daran.
Im Gedenken an diese Tage, in denen er sich für den Heimweg vorbereitete, kann man das ganze Ereignis mit Staunen betrachten, während Schönheit und Frieden die Seele durchströmen. Indem er dies akzeptierte, gelang es ihm, die Schmerzen zu verringern, und tapfer in das Licht zu gehen.

Viele Jahre haben zu diesem Ereignis geführt. Viele Dinge sind seitdem geschehen, aber große Weisheit und das Verstehen dieser Weisheit sind daraus entstanden, und haben vieler Leute Leben bereichert. Seine physische Gegenwart wird sehr vermißt. Viele gedenken seiner um seiner sanften Kraft, seiner friedvollen Energie, aber besonders um seiner Fahigkeit zu lieben Willen.

Dieses Buch, «Mein Weg zum Licht», beinhaltet eine Menge seiner Persönlichkeit, seiner liebevollen Energie, und seiner Ermutigungen in allen Dingen, die ich getan habe und noch heute tue. Seine Unterstützung, stärker als je zuvor, und seine Liebe umhüllen mich stets wie ein schützender Mantel. Dies ist keine Huldigung an eine Seele, es ist Teil eines Gedenkens und auch eine Ermutigung an andere, die mit ihrem Weg erst begonnen haben, oder auf halbem Wege den Mut verloren haben.

Der Weg zum Licht kann voller Licht sein, wenn wir dies zulassen. Wir wurden nicht nur erschaffen, um zu leiden. Des Menschen niederes Selbst und sein Ego haben die Reinheit der Seele überwältigt. Als seelenvolle Wesen waren wir gedacht, eine Schöpfung voller Freude, Schönheit und Liebe zu sein. Und deshalb suchen heute verlorene, erschrockene, vom Materialismus und orthodoxer Religion enttäuschte Seelen nach einer Philosophie, einem Lebensweg, der ihnen Freude und Erfüllung bringt.

Vielleicht kann die Anteilnahme an meinen Erfahrungen Anderen, die auf einem ähnlichen Weg sind, etwas Verstandnis bringen.

ÜBER DEN WOLKEN

Die innere Hälfte jeder Wolke ist hell und glänzend. Deshalb wende ich meine Wolken und stülpe sie von innen nach außen, um das Futter zu zeigen

Eileen Fowler

Flauschige weiße Wolken trieben in einem klaren, blauen Himmel an meinem Flugzeugfenster vorbei. Klarheit und Schärfe lag in all dem, und so war es kein Wunder, daß das Leuchten der Sonne so viel klarer erschien. Wenn doch nur unser Glauben und unsere Leben so klar und scharf gezeichnet wären, wie dieser Ausblick. Als Kinder wollten wir glauben, daß Engel nach den Wolken schauten, auf ihnen Harfe spielten und eigentlich immer herumtollten, so daß es jedes Menschen Schicksal sei, ein Engel zu werden, und diese himmlische Aussicht zu haben. Wenn es doch nur so wäre.

Während ich diese prächtige Szene auf meinem Flug von Amsterdam durch das Flugzeugfenster beobachtete, erkannte ich, daß unser Lebensweg sehr ähnlich verlief; manchmal erhaschen wir einen solchen Blick, der so schön, klar und deutlich erscheint, daß alles so einfach wirkt. Das Flugzeug begann mit dem Landeanflug und die Stimme des Kapitäns ertönte über die Lautsprecher – «Wir nähern uns jetzt dem Flughafen Leeds/Bradford» – ehe er mit einem kurzen Wetterbericht über die schneidenden Winde, den wolkenverhangenen Himmel, die Regenschauer und die kühlen Temperaturen fortfuhr. Wir ließen den prächtigen Anblick der weißen Wolken und des strahlendblauen Himmels hinter uns, um uns beim Herabsinken in grauem Naß und Nebel wiederzufinden.

Das erinnerte mich an die Art und Weise, wie unser Leben verläuft – manchmal steuern wir mit dem Instinkt, unserem einzigen Instrument,

um unsere Intuition zu lenken, weil wir nicht durch den dichten Nebel und die Verwirrung blicken können, die unseren Geist erfüllen.
Das Flugzeug sank immer mehr Richtung Erde hinab, und als es langsam durch den Nebel stieß, konnten wir die klaren Umrisse des Flughafens erkennen. Wir ließen den prächtigen Anblick hinter uns, der Himmel verschwand über den Wolken und wir waren zurück auf der Erde, zurück in der Realität unseres Lebens.
So ist unser Leben; manchmal durchströmt von Schönheit, voller atemberaubender Anblicke und kurzer Einblicke in eine ungesehene Welt, voller Gefühle und Emotionen von unbeschreiblicher Reinheit – aber dann stehen diese Visionen des Lebens nach dem Tode hinter der physischen Realität des materiellen Lebens zurück. Mit einem sanften Stoß landen die Räder auf der Landebahn und wir halten an, wieder daheim.

Eine Verwandte wartet auf mich mit guten Neuigkeiten; die Familie ist wohlauf, diverse Nachrichten und Faxe künden von den vielen Aufgaben, die ich vor meiner nächsten Reise zu erledigen habe.

Erneut haben wir unseren Instinkt zum Navigieren benutzt, immer hoffend, manchmal nicht wissend, ob wir die rechte Tat zur rechten Zeit getan haben – aber so ist das Leben, ein Weg zum Licht.

Es ist mein Weg. Und so hat er begonnen . . .

Kapitel 3

DER ANFANG

Wähle dein eigenes Schicksal; Tugend ist niemandes Preis
Jeder, ob er sie ehrt oder nicht, wird ihre Gunst erfahren

Plato

Wie ein Peitschenschlag hallte das Klatschen der Hand auf dem Fleisch durch den Raum.
Kopfüber hängend, die Füße von eisernem Griff gepackt, sah ich meine Mutter, Emilie, erschöpft, doch sehr erleichtert, im Bett liegen; eine Dreißigjährige mit einem sehr freundlichen Gesicht, rotbraunem Haar, einer Stupsnase und einem entschlossenen Zug um den Mund.

Ein Mann im weißen Hemd, mit schwarzer Fliege, hochgekrempelten Ärmeln, rundem Gesicht und einem Kneifer auf der Nase schlug mir so lange auf das Hinterteil, bis ich zu schreien begann, da ich nun erkannte, daß ich meine neue Welt betreten hatte.
«Es geht ihr gut», hörte ich den Mann sagen, als er mich der Frau im Bett übergab. Ich fühlte mich geborgen, aber trotzdem wußte ich, daß jemand fehlte, bis ich eine neue Stimme aus der anderen Ecke des Raumes wahrnahm.

Wärme, Erleichterung und Freude strömte durch meinen neuen Körper, denn er war da, mein Vater, Walter Peters, einer der Hauptgründe für meine neue Existenz. Seine sanfte, kultivierte Stimme erfüllte den Raum mit Wärme, und ich konnte seine Aura spüren. Wie ein Echo tanzten Geräusche um ihn herum und erinnerten mich an die Welt, die ich gerade verlassen hatte.
Mein Eintritt in diese Welt war schwierig gewesen, denn die ganze Zeit, während der ich mich durch den pulsierenden Tunnel kämpfte, hielten gemischte Gefühle mich zurück. Sie hatten auf einen Sohn gehofft, und

dieser Gedanke, der starke Wunsch, die Sehnsucht nach einem Jungen sollten mich durch meine ganze Kindheit verfolgen.

Dennoch war die Enttäuschung meines Vaters nur ein flüchtiger Gedanke, der von aufrichtiger Freude und Erleichterung darüber, daß alles in Ordnung war, abgelöst wurde.
Gerade, als ich nach der ersten Begegnung mit meiner neuen Familie etwas erschöpft einschlummerte, vibrierte die Stimme meiner Mutter durch das Zimmer. «Ich möchte, daß sie einen englischen Vornamen bekommt.» Ein überraschtes Schweigen folgte, dann lenkte die warme Stimme meines Vaters ein. «Aber sicher, mein Liebchen.» Er wußte genau, wie willensstark und fest entschlossen seine Frau sein konnte, und wie sehr sie die englischen Bücher genossen hatte, welche in Deutschland damals verboten gewesen waren. So bekam ich eine neue Identität, und der Geist, der nun Doris Luise Elfriede Peters war, war auf einem neuen Weg angelangt, einem neuen Lebensweg, der sich als etwas dornig herausstellen sollte, aber einem, den ich mir ausgesucht hatte zu erfahren.

Danach blieben mir nur kurze Ausschnitte aus dieser neuen physischen Welt im Gedächtnis haften; viele Stimmen und Geräusche, die besten darunter Musik von Mozart und Beethoven. Hier und da wurde ich umhergeschüttelt, als mich Arme aufnahmen, die weniger kräftig und sicher wirkten – meine Schwester Rosemarie, neun Jahre alt und ständig zappelig, angefüllt mit einer ruhelosen Energie.

Und doch stach ein Geräusch und ein Geruch aus allen anderen heraus, eine so liebevolle Stimme, ein Paar solch starker Arme, ein Geruch von Veilchen und Pfefferminz, all das zusammen gab mir Geborgenheit und Sicherheit. Das war meine Großmutter Luise, und in den kommenden Jahren würde sie mir so oft ein sicherer Hafen und eine Quelle der Kraft sein.

Kapitel 4

DER KRIEG

Siehe, ich habe dir geboten, daß du getrost und freudig seiest. Laß dir nicht grauen, und entsetze dich nicht; denn der Herr, dein Gott, ist mit dir in allem, das du tun wirst.

Josua 1:9

Das Geräusch war schrecklich, und ich konnte einen kalkigen Staub auf meiner Zunge schmecken. Sehr müde sah ich mich um, und obwohl ich von den sonderbaren Geräuschen verstört und verängstigt war, ergriff mich bald Erstaunen. Ich erkannte die Menschen in dem Keller, denn sie wohnten alle im selben Häuserblock wie wir, in einer großen Stadt in der Mitte Deutschlands.

Deutschland stand mit fast dem gesamten Rest Europas im Krieg. Die Leute riefen, lachten und sangen, und die ganze Zeit zitterte und wackelte das ganze Haus, als die Flugzeuge ihre tödliche Fracht um uns herum abwarfen. Das Gesicht meiner Mutter war bleich und angespannt, meine Schwester Rosemarie saß auf einem Stuhl in der Ecke und versuchte verzweifelt, wach zu bleiben. Ich fragte mich, ob meine Mutter all dies gemeint hatte, als sie sagte «Dieser Verrückte wird das Volk und ganze Land vernichten», während wir der Kiste im Wohnzimmer lauschten, aus der eine Stimme immer wieder verkündete, «Deutschland steht mit England im Krieg».

Es war sehr verwirrend. Meine Mutter weinte, mein Vater war sehr aufgeregt und sagte, er müsse seinem Land helfen und zur Armee gehen. Ich war besorgt und voller Angst, hatte zu weinen begonnen und gehofft, daß Großmutter da wäre, um mich zu trösten. Später lag ich in einer mit Decken zum Notbett umfunktionierten Badewanne, mein geliebter Vater war weit entfernt von zuhause und versuchte, seinem

Land zu helfen. Alle Menschen um mich herum hatten rote Wangen und waren fröhlich, und ein Mann, der bemerkt hatte, wie ich sie alle anstarrte, kam zu mir und gab mir eine Flasche Limonade. Oh, ich liebte dieses kribbelnde, furchtbar süße Getränk und dachte, dass «Krieg» vielleicht doch keine so schlechte Sache war...

Wenn ich heute auf diese Kriegsjahre zurückblicke, erkenne ich, daß der Krieg selbst nicht der schlimmste Teil des Weges war, den ich für mich auserwählt hatte; es lagen noch weit traumatischere Dinge vor mir. Oh, doch, es gab schon beängstigende Momente, wie immer bei Kriegen, wenn die Geräusche zu überwältigend wurden, man die Schreie der Furcht und Todesangst der Menschen hörte, man die Gesichter derer sah, deren Augen leer, deren Haar angesengt war, die all ihr Hab und Gut durch die Bombeneinschläge verloren hatten, und nur noch knapp mit dem Leben und der Kleidung, in der sie morgens aufstanden, entkommen waren. Das waren schreckliche Momente, und beim Nachdenken wird klar, wie nahe man sich in solchen Augenblicken ist, in denen der Mensch seinen Gefährten findet. Dieser Krieg hatte sein müssen, erkennen wir heute.

Das Wichtigste war und wird immer die Beziehung zu den Menschen in meinem Umfeld sein. Es mag einfach klingen, daß ich nur durch den freundlichen Umgang mit den Leuten zurechtkam, aber ganz so leicht war es nicht. Mir war mein Eintritt in diese Welt bewußt, und so erkannte ich immer mehr Dinge: daß es mehr als dieses Leben gab, daß es unterschwellige und jenseitige Dimensionen gäbe; Dinge, die mir bekannt waren, aber die ich nicht ganz erfassen konnte. Sie waren real, doch manchmal glichen sie eher Träumen.

Dank meiner Familie waren die Kriegsumstände erträglich. Zu dieser Zeit, inmitten des Chaos und der Verwirrung der Kriegstage, dachte ich eigentlich nur an die Trennung von meinem Vater und die vielen unterbrochenen Nächte, in denen ich, statt ausziehen und in den Pyjama schlüpfen, mich nach dem ausziehen waschen und wieder anziehen mußte, um für einen neuen Ansturm von Flugzeugen und ihren zerstörerischen Bomben vorbereitet zu sein. Wir waren überwältigt von der Propaganda, die uns gebot, unseren Feind zu hassen, Menschen zu hassen, die wir nie gesehen hatten, die Ozeane entfernt von uns lebten. Und langsam drang diese Propaganda in unsere Köpfe ein und wir begannen, sie zu hassen, zu verabscheuen, für alles, was sie uns angetan hatten.

Seltsamerweise hatte ich noch keine Angst vor ihnen; trotz der unterbrochenen Nächte, der Verwirrung, des Hasses in unseren Köpfen und Herzen und der allgegenwärtigen Furcht wurde mir bald klar – und ich denke, ich war damit die Einzige in unserer Familie – daß ich nicht wirklich Angst hatte. Ein Instinkt verriet mir, daß ich diesen Krieg schadlos überstehen würde.
Diese Erkenntnis überkam mich jedes Mal in den wenigen Nächten, in denen ich in meinem eigenen Bett schlafen und das Bild an der Wand betrachten konnte. Es war ein Bild von Jesus, von einer Herde Schafe umgeben, und hieß «Der gute Hirte». Indem ich seine liebevollen Gesichtszüge betrachtete, fühlte ich mich sicher, und auf meine kindliche Art nannte ich ihn meinen Bruder, der sich um mich kümmern und mich behüten würde. Ich erkannte auch, daß all die Schafe seine Kinder waren, die gesamte Menschheit, und er behütete sie mit Mitgefühl und Liebe.

Dieser Gedanke verlieh mir Kraft und ich verspürte keine Furcht mehr. Dieses Zimmer wurde zu meinem Hafen, in dem alle bekannte Dinge zu Freunden wurden, wo mir selbst die mit Rosen verzierte Tapete versicherte, daß alles gut war. Immer, wenn ich dieses Zimmer verließ, betrat ich eine rauhe neue Welt, in der eine schrille, schreiende Stimme aus dem Radio drang, die ausrief, wie großartig Deutschland wäre, wie nur dieses Land den Sieg erringen würde, daß nur ein Mann groß genug war, ihm zu folgen. Und nach und nach wurde ich hypnotisiert von dieser Stimme, und glaubte ihr jedes Wort.

Auf diese Weise erfuhr ich schon sehr früh in meinem Leben die mögliche Macht einer hypnotisierenden Stimme, wie mächtig solche Ideologien sein können, wenn sie nur sanft genug ausgesprochen werden, und wie leicht ein Verstand derart von ihr überwältigt und beeinflußt werden konnte. Es kann das Denken verändern und den freien Willen rauben. Das geschah sehr vielen Deutschen. Sie alle glaubten dieser hypnotischen Stimme, dem österreichischen Akzent, dieser Stimme, die uns überredete, daß nur Deutsch zu denken und 100 % Deutsch zu sein, der einzig richtige Weg war. Der Begriff «Lebenstraum» tauchte immer wieder auf, aber in diesem jungen Alter erkannte ich erst nur die zwei Bestandteile des Wortes – Leben und Traum. Ich wußte nicht, was es bedeutete, und erst Jahre später, nach der schrecklichen Erkenntnis, verstand ich, was dieser Lebenstraum bedeuten und mit sich bringen sollte. Zu dieser Zeit war mir dann auch der ganze Schrecken des Holocaust und der Zerstörungen schmerzlich bewußt.

Meine Mutter war die einzige in unserer Familie, die nicht gebannt oder überwältigt war. Sie wußte, daß die Stimme eine furchtbare Bedrohung war, die uns in die totale Zerstörung treiben würde, so daß ein einstmals großes Land in Scherben läge, die Hoffnungen und Leben seines Volkes vernichtet, seine Zukunft für immer verändert.
So war es in meinem Fall und bei all den Menschen, deren Leben mit meinem in Verbindung stand. Dieser Krieg und all die Taten der Völker veränderten unsere Leben für immer. War es Zufall? War es ein Mißgeschick? Nichts geschieht zufällig oder aus Versehen. Alle Geschehnisse folgen einem Plan.

Wie lange haben wir zu leben, wie lange wird es dauern, bevor wir erkennen, daß alles im Leben weder Zufall noch Versehen ist? Manchmal protestieren wir gegen unser Schicksal, wir lehnen uns dagegen auf, weil wir damit nicht glücklich sind und nicht gewollt haben, was uns gegeben wurde. Wir haben so viele Hoffnungen und Träume, und selbst wenn wir am Boden liegen, gibt es immer ein Morgen, und morgen würde ein besserer, hellerer Tag werden.
Wo sind jetzt all diese Morgen? Sie sind noch da. Nur wenn wir uns auf morgen freuen, sehen wir ein, daß unser Morgen so sein wird, wie wir unser Heute leben.

Oh, wie weise und gleichzeitig dumm Kinder sein können. Rückblickend erkenne ich heute, daß es in meiner Kindheit zwei gegensätzliche Gefühle gab. Manchmal fühlte ich mich so alt wie die Zeit selbst. Ich fühlte Weisheit in mir, deren Quelle ich nicht kannte, ich wußte nur, daß sie da war. Echos einer längst vergangenen Zeit, Stimmen und Gelächter einer anderen Familie, ein anderes Haus, das größer als unser jetziges war. Es war ziemlich groß und ganz anders gebaut. Es gab einen Kronleuchter und eine Galerie, von deren Fenster aus kleine Gesichter sich neugierig an die Scheiben preßten, um die juwelenbehangenen Damen und fein herausgeputzten Herren beim Tanzen zu beobachten, und das Orchester und das glänzende Kaleidoskop der Lichter zu bewundern. Aus all den Erinnerungen, die ich von mir und anderen habe, sticht dieser Moment besonders heraus: wie ich im langen, weißen Nachthemd, eine zerschlissene Puppe an meinen Körper gepreßt, an diesem Fenster stehe, und mich wehmütige Sehnsucht erfaßt, an der Fröhlichkeit, dem Lachen und der Freude der Tanzenden Teil zu haben. Es schien so lange her zu sein, und doch war es das nicht.

Zurück in die Gegenwart. Die Sirenen heulen wieder. Ich nehme meinen kleinen Koffer, mein Kissen und meine Decke, und folge meiner Mutter und Schwester die Treppe hinab in den Schutzraum, während mir diese Mischung aus Träumen und verschiedenen Geräuschen im Kopf herumgeht.

Ich konnte sie fühlen, bemerkte die anderen Gerüche, und die Stimmen, die ich hörte, sprachen eine andere Sprache als die, die ich jetzt sprach. Wo lag dieses Land ? Wo war dieser Ort der Vergangenheit?

Er war jetzt und hier bei mir, aber was war er? Oder träumte ich nur? Nein, er war real. Er ist real. Mein Geist war nur in ein anderes Leben zurückgewechselt, aber ich war zu jung, zu erkennen, was ich tat, und welche wertvollen Gaben ich mit in dieses Leben gebracht hatte. Gaben, die manches Mal ein schmerzhafter Fluch, manches Mal ein freudiger Segen waren, aber sie waren da und sind es immer noch.

Ich mußte lernen, mit ihnen zu leben, und versuche dies heute noch.

DER UNBEKANNTE WEG – EVAKUIERUNG

Ich habe keine Furcht, denn du bist mir nah, führst und bewachst mich den ganzen Weg

Psalm 23:4

Trotz des Lärms und der Irrungen des Krieges verlief das Familienleben so reibungslos, wie unter den Umständen nur möglich, und wie bei vielen Familien zu der Zeit war man in Bezug auf Glaube, Ideologie und Philosophie geteilter Meinung. Viele Menschen verfielen der Ideologie des reinen Ariers und dem Glauben an ein Tausendjähriges Reich, während andere, deren Wissen über Geschichte sie ermahnte, daß dies kein gutes Ende haben konnte, voller Furcht und Unsicherheit waren. Es konnte nur mit einer Welle der Vernichtung enden, und viele, viele Menschenleben fordern.

In unserer Familie ging das Leben weiter, und zurückblickend stelle ich heute fest, daß es trotz allem Liebe gegeben hatte. Obwohl ich mich durch die Abwesenheit meines Vaters verlassen und ängstlich fühlte, konnte ich die Liebe in meinem Zuhause spüren, die mir überwiegend von meiner Großmutter Luise zukam. Auf ihre sehr bodenständige Art und dank ihres herrlichen Sinns für Humor hat sie manche düstere Atmosphäre aufgehellt. Sie wohnte nur eine Straße entfernt, und sehr oft, nachdem ich meine Mutter mit Betteln und Versprechungen überredet hatte, ließ sie mich zu einem Besuch gehen. Dort wartete nicht nur ein sicherer Hafen auf mich, nein, auch die Bäckerei im Erdgeschoß bot ein Paradies voll Leckereien. Natürlich war damals alles rationiert, aber ein oder zwei dieser verführerischen Leckereien fand doch den Weg in meinen Magen. Eine meiner Schwächen waren Süßigkeiten. Sicher mochte die Knappheit daran schuld sein, aber dort beim Bäcker mit einem verführerischen Lächeln zu erscheinen, brachte mir stets ein oder zwei Biscuits oder Kekse ein.

Oben in Großmutters Wohnung konnte ich die Liebe und Wärme spüren, sobald ich die Tür öffnete. Während sie in ihrem abgenutzten Sessel saß, hockte ich auf einem Stuhl und lauschte ihren Geschichten über Kaiser Wilhelm oder ihren geliebten Ehemann, meinen Großvater, und wie sie sich kennen gelernt hatten, und immer endete sie mit ein paar Geschichten über Jesus. Sie konzentrierte sich immer auf die Güte des Menschen Jesus, und wie Er versucht hatte, der Menschheit Liebe und Frieden zu bringen. Sie war es, die mir erklärt hatte, daß man nur durch Geben etwas erhält.

Ich erinnere mich noch heute an diese Geschichten und werde sie nie vergessen. Ich begann, sie meinen eigenen Kindern und Enkeln zu erzählen, in der Hoffnung, daß sie sie ebenfalls weitergeben werden. In jeder Familie gibt es einen Geschichtenerzähler, einen Menschen wie Großmutter Luise, an den alle mit Zuneigung, Wärme und Liebe denken, der ein Symbol für die Liebe ist. Wir alle wissen, daß, wo Liebe ist, auch Frieden und Verständnis herrschen.
So voll innerem Frieden, Energie und Kraft konnte ich Großmutter wieder verlassen, und heimgehen.

Eines Morgens stand ich auf und überredete Mutter nach dem Frühstück, mich Großmutter besuchen zu lassen. Ich ging die bekannte Straße hinunter, wartete auf die Ladenbesitzer, die mir beim Vorbeigehen stets winkten und zulächelten. Aber statt der Schaufenster voller Waren und der Besitzer in ihren Türen stehen, sah ich mit Brettern verbarrikadierte Fenster und Türen.
Manche Fenster waren auch zerbrochen, und nicht ein lächelnder Kaufmann war zu sehen. Was war geschehen? Männer in schwarzen Uniformen marschierten die Straßen hinunter und schrieen anderen Befehle zu. Was ging hier vor? Ich stoppte meine Schritte und wollte fragen, was mit Frau und Herrn Schmidt, den Gemüsehändlern, und

Herrn und Frau Goldberg geschehen war. Wie ich so unsicher da stand, kam ein bedrohlich wirkender Mann in einer schwarzen Uniform auf mich zu, hielt an, und sah auf mich herab. «Geh weiter, kleines Mädchen. Du hast hier nichts zu suchen, verschwinde!»

Ängstlich und erschrocken fing ich an zu rennen und hörte nicht auf, bis ich Großmutters Haus erreicht hatte. Panisch hämmerte ich an ihre Tür, bis sie endlich öffnete. Völlig außer Atem keuchte ich, «Großmutter, was ist passiert, was ist mit den Ladenbesitzern? Sie waren nicht da, und ihre Türen sind mit Brettern verschlossen. Da waren nur Männer in Uniformen, und einer sagte, ich solle verschwinden. Bitte, sag mir, was passiert ist!»

Sie schloß mich nur in ihre Arme, drückte mich an sich, und sagte, «oh, Kleine, es gibt viele Dinge, die wir nicht verstehen. Es ist besser, nicht zu fragen, es nicht zu wissen. Unwissenheit ist manchmal ein Segen, es rettet Leben.»

Ich verstand sie nicht. Normalerweise hatte Großmutter immer eine genaue Antwort auf all meine Fragen, und konnte immer meine Ängste beruhigen, doch diesmal gelang es ihr nicht. Ich hatte Angst und fühlte mich verloren. Sie gab mir eine Tasse Kakao und etwas zu essen, was mich nur ein wenig, doch nicht völlig, beruhigte. Wie sehr sie mich auch mit ihren Geschichten aufmuntern wollte, war ich doch immer noch nervös und besorgt. Also erklärte ich ihr, daß ich wieder heim mußte, und diesmal schlenderte ich nicht langsam, sondern rannte so lange, bis ich unseren Häuserblock erreichte.

Als ich oben in meinem Zimmer war, betrachtete ich das Bild von Jesus, um mich durch diese sanften, ernsten Augen beruhigen zu lassen. Ich weiß nicht, ob es an einem Lichtstrahl lag, oder was sonst die Ursache hätte sein können, aber ich spürte, daß er mich besänftigend anlächelte. Ich fühlte mich gleich besser, als ich jedoch ins Wohnzimmer kam, bemerkte meine Mutter, daß ich ungewöhnlich still und blaß war, und fragte, was geschehen sei.

Als ich ihr davon erzählte und von den Männern berichtete, die vor den verschlossenen Läden gestanden hatten, sagte sie nur, «Sprich nicht davon, vergiß es, es gibt nichts, was wir tun könnten.» Als ich entgegnete, «War es nicht Jesus, der sagte, daß wir einander helfen sollen, daß andere Hilfe brauchen oder krank sein könnten?», erwiderte Mutter nur hart und abrupt, «oh, du kannst nichts tun, vergiß es.» Ich hatte keine Wahl, und obwohl dieses Ereignis die Ruhe und den Frieden zu stören schien, ging das Familienleben weiter wie zuvor.

Sonntags besuchten wir Großeltern, Tanten, Onkel und Cousinen, und wie bei diesen Pflichtbesuchen oft üblich, gab es viele Streitigkeiten und Verstimmungen. Dann kam Weihnachten, das Fest, das immer etwas ganz Besonderes war, voller Wärme und Liebe, aber dieses Weihnachten war anders. Zuerst fiel mir der Unterschied gar nicht auf. Es gab die üblichen Gerüche, Geräusche und Vorbereitungen. Das Haus duftete nach Honig und Gewürzen, Biscuits wurden gebacken und in luftdichte Dosen verpackt. Papier raschelte, und Dinge wurden rasch versteckt, sobald jemand den Raum betrat. Alles war da, was auch sonst immer Weihnachten ausmachte, aber diesmal war etwas anders. An Heiligabend mußten meine Schwester und ich ein Gedicht aufsagen, ein Weihnachtslied singen, und alles war wie üblich. Mein geliebter Vater war da, lächelte, doch in seinen Augen lag Trauer. Ich bemerkte, daß meine Mutter sehr blaß und still war, ihre Lippen eng zusammen gepreßt, während sie normalerweise zu Weihnachten einen sanften, liebevollen Gesichtsausdruck hatte.

Wir durften unsere Geschenke auspacken und unsere selbst gebastelten Geschenke den Eltern geben, bevor wir uns an den Tisch setzten, um unser übliches Feiertagsmahl zu beginnen. Mutter räusperte sich, und erklärte dann mit stockender Stimme, daß wir kurz nach Weihnachten unser Heim verlassen und in ein kleines Dorf in der Nähe des Gebirges ziehen mußten. Ein entsetztes Schweigen folgte, dann brach meine Schwester in Tränen aus, und begann zu schreien. Sie war entschlossen, eine Schauspielerin zu werden, und aufgrund dieser einen Entscheidung sah sie all ihre Hoffnungen und Träume schwinden. Deshalb erklärte sie auf dramatische Weise, daß dieser Umzug das Ende ihrer Theaterkarriere bedeuten würde. Ich sah nur meine Eltern an und fragte, «Kommst du mit uns?»

Vater erklärte, daß er als Soldat nicht mit uns kommen konnte. Mutter sagte nur, «Wir werden alle gehen, und bis auf euren Vater alle zusammen bleiben.»

DAS DORF

Frieden durch Akzeptanz

Der Krieg war vorüber. Mutter konnte das weiße Laken, das sie seit Kriegsbeginn aufbewahrt hatte, als Zeichen des Friedens und der Unterwerfung aufhängen. Wir hatten im Pfarrhaus eines kleinen Dorfes am Rande des Harz gelebt. Der Pfarrer und seine Familie wohnten im ersten Stock, wir bewohnten ein paar Zimmer im Erdgeschoß.

Ich muß wohl etwa acht Jahre alt gewesen sein, als ich oft in einer Ecke des Wohnzimmers saß und zuhörte, wie meine Schwester Englischunterricht gab. Ohne bewußte Anstrengung nahm mein Verstand Worte und ganze Sätze rasch auf, und so konnte ich schon mit acht Jahren englische Sätze bilden, mit den englischen Soldaten reden und sie auch verstehen. Das erschien mir völlig mühelos. Ich mochte sie, und manchmal gaben sie uns etwas von ihren Rationen, oder Schokolade. Ich liebte den Geschmack und die Beschaffenheit dieser Lebensmittel, die mir nicht fremd, sondern bekannt vorkamen, und obwohl ich nicht wußte, woran das lag, war mir klar, daß ich solche Lebensmittel irgendwann schon einmal gegessen hatte.

Zu dieser Zeit geschahen mehrere sonderbare Dinge um mich herum. Wir lebten in einem alten Pfarrhaus, und wie jedes alte Gebäude, hatte auch dieses seine Geister. Ich spürte oft die Gegenwart eines alten Mannes, der am Ende eines Korridors stand. Er stand einfach nur da.
Noch heute kann ich ihn ganz deutlich vor mir sehen. Er schien sehr alt zu sein. Seine Kleidung war sehr abgenutzt, er ging am Stock, und seine Augen waren wäßrig. Ich zögerte immer, an ihm vorbei zu gehen. Ich konnte ihn klar und deutlich sehen, er erschien mir so real, daß ich nicht verstand, weshalb niemand sonst ihn sehen konnte. Ich lief immer rasch

an seinem Platz vorbei und vermied die Stelle im Dunkeln. Später sollte sich herausstellen, daß dieser alte Mann einmal in dem Haus gewohnt hatte, bevor es zum Pfarrhaus geworden war.

Außerdem gab es Vorahnungen und Ereignisse, die ich vorhersagen konnte, ohne die Quelle dieser Voraussagen zu kennen. Ich hatte eine beste Freundin namens Gisela, die Tochter des örtlichen Bürgermeisters, und mein Vater besaß zu dieser Zeit eine Filiale der ESSO Öle und Fette. Da wir in einer ländlichen Gegend lebten, hatte mein Vater eine Menge Kunden, insbesondere Bauern, und da die Ölausgabe in der Nachkriegszeit vielen Regelungen unterlag, die eine Menge Lizenzen und Genehmigungen erforderte, war es von Vorteil, einen guten Kontakt zum Bürgermeister und Stadtrat zu haben.

Meine Eltern waren hocherfreut, daß die Tochter des Bürgermeisters meine beste Freundin war. Wie alle Achtjahrigen spielten und stritten wir, hatten aber fast immer eine gute Freundschaft zueinander. Wir tauschten Spielzeug und Kleidung, und verbrachten viel Zeit im Haus der anderen. An einem ganz besonderen Tag hatten wir einen furchtbaren Streit – ich weiß nicht mehr, wer ihn begonnen hatte – und obwohl ich sonst immer gewohnt war, das letzte Wort zu haben, schien mich meine Freundin diesmal übertrumpfen zu wollen. Sie warf den Kopf zurück und sagte, «Ich werde meinem Vater von dir erzählen,» worauf ich erwiderte, «Dein Vater kann mich mal . . . !»

Eine üble Beleidigung, die sie völlig schockierte, weil sie meinte, daß ihr Vater, der Bürgermeister, etwas ganz besonderes sei. Gisela war sehr aufgebracht, und wie sie so da stand, rief ich ihr zu (ich kann die Worte noch heute hören): «Dein Vater wird nicht mehr lange Bürgermeister sein, in drei Monaten wird Karl Boch der neue Bürgermeister sein.»

Als sie diesen Namen hörte, brach sie heraus mit «Du bist wahnsinnig, völlig verrückt, er wird niemals Bürgermeister sein.» Doch ich blieb dabei, «Doch, wird er, wart's nur ab, du wirst schon sehen. Ich weiß, daß es so sein wird.»

Ich sprach nie von den Streitigkeiten mit meinen Freunden, denn ich wollte nicht nach dem genauen Wortwechsel befragt oder verhört werden, also tat ich so, als sei nichts geschehen.
Nach einer Weile klopfte jemand an die Tür, und Mutter begegnete Gisela, die mein Spielzeug zurückbrachte und ihr eigenes wiederhaben wollte. Mutter bat sie einzutreten, aber sie lehnte ab, und war sehr still und unterwürfig. Mutter schöpfte Verdacht und fragte, ob wir uns gestritten hatten, woraufhin Gisela in Tränen ausbrach, und Mutter die ganze Geschichte erzählte.
Wieder war ich selbstverständlich die Schuldige, und als Gisela heimging, rief Mutter meinen Vater an und erzählte ihm die Geschichte. Er hat mir nie den Hintern versohlt – ich war seine kleine Prinzessin, für die er immer da war, liebevoll, manchmal ermahnte er mich auch, doch nie gab es physische Bestrafung. Normalerweise versuchte er es mit Vernunft, wollte mich zum Einsehen bringen, wenn ich ungehorsam war oder einen Wutanfall hatte. Diesmal allerdings muß er wohl sehr müde oder wütend gewesen sein, denn ich erhielt einen mächtigen Klaps.

Diese Prügel taten weitaus weniger weh, als die Tatsache, daß mein Vater mich wirklich schlug, und um diese Schmach noch zu vergrößern, mußte ich mich waschen, umziehen, und zum Bürgermeister gehen, um mich zu entschuldigen. Ich schluckte meine Demütigung, denn ich hatte keine Wahl. Das Haus des Bürgermeisters lag genau gegenüber, und ich klopfte an die Tür. Giselas Eltern waren schon recht alt, hatten ihre Tochter erst spät bekommen, und waren stets sanft, geduldig und freundlich. Ich hatte mir keine Sorgen machen zu brauchen, denn ich wurde prompt – wie schon oft zuvor – eingeladen, am Abendessen teilzunehmen. Ich war sehr nervös, denn ich wußte nicht, was ich vom Vater meiner Freundin halten sollte, der diesmal ein sehr ernstes Gesicht machte.

Also ging ich zu ihm, knickste, wie man uns damals gelehrt hatte, und entschuldigte mich dafür, ihm gegenüber grob gewesen zu sein.
Er begann zu lachen. «Hör doch auf, über so eine Sache muß man sich doch nicht die Freundschaft kündigen. Komm, iß etwas mit uns, und dann werdet ihr zwei euch wieder versöhnen». Gisela grollte mir noch eine Weile, aber bald wurde sie versöhnlicher und wir waren uns wieder gut.

Drei Monate später wurde Karl Boch, der Mann, den ich vorher erwähnt hatte, und der ein Analphabet, Kommunist und der Dorfschreier war, zum Bürgermeister gewählt! Niemand hätte das gedacht. Niemand hätte auch nur geahnt, daß er kandidieren würde, aber woher wußte eine Achtjährige, daß er Bürgermeister werden würde? Als es eintraf, kam meine Freundin zu mir, blieb auf der Schwelle unseres Hauses stehen, und sagte, «du bist eine Hexe, wirklich eine HEXE!».

Ich spürte die Angst in mir aufsteigen, denn ich wollte keine Hexe sein. Da es in der Gegend, in der wir lebten, viel Folklore über Hexen gab, hatte ich Bilder vor mir, von Hexen, die auf Besen herumflogen und häßliche Warzen auf ihren Nasen hatten. Niemals würde ich eine von ihnen sein und so schwor ich, niemals wieder etwas gleichartiges vorherzusagen. Berühmte letzte Worte... es war weder das erste noch das letzte Mal, daß ich so genannt worden war...

VATERS VERSCHWINDEN

Ich habe viele Dinge in meinen Händen gehalten und sie alle verloren, aber was ich in Gottes Hand legte, besitze ich noch immer.

Martin Luther

Obwohl der Kalender noch nicht auf Sommer stand, war es brütend heiß draußen, und wir gingen schon ins Schwimmbad des Nachbardorfes am Rande des Harz. Zu der Zeit war unser Dorf von Briten besetzt, und das nächste Dorf von Russen, aber da wir die Grenzen frei passieren durften, schwatzten wir oft mit den uns gegenüber sehr freundlichen Russen. Oft hielten wir und beantworteten ihre russischen Sätze auf Deutsch, wodurch wir eine lockere Freundschaft zwischen beiden Kulturen aufbauten. Die russische Besetzung des Dorfes beunruhigte uns nicht, und so eilten wir jedes Mal nach der Schule und einem hastigen Mittagessen zu mehreren über die Grenze zum nur zehn Minuten entfernten Schwimmbad.
An einem bestimmten Tag traf sich unsere Gruppe vor dem Pfarrhaus, um sich von der brütenden Hitze rasch dort abzukühlen. Die russischen Soldaten standen an der Grenze, lachten und spaßten mit uns, als wir zum Schwimmbad eilten, um den ganzen Tag im Wasser und auf der Wiese zu verbringen, Spaß zu haben, wie junge Menschen es gerne tun. Wir blieben so lange wir durften, genossen das frische kühle Wasser, und mußten regelrecht rausgeworfen werden, als es Abend wurde und Zeit war, nach Hause zu gehen.

Während ich auf unser Haus zuging, fühlte ich Unruhe in mir aufsteigen. Ich konnte mir den Grund nicht erklären, verabschiedete mich aber rasch von meinen Freunden und ging ins Haus.
Als ich ins Wohnzimmer kam, fragte ich als erstes «Wo ist Papa?»

«Oh, er ist in Hamburg bei einem Treffen der Direktoren,» antwortete meine Mutter. «Aber sonst ist er doch schon lange wieder zuhause, warum ist er noch nicht zurück?» sagte ich. Mutters Antwort war sehr kurz und abrupt, «Weiß ich nicht.» Sie sah etwas besorgt aus, aber für mich sahen Erwachsene oft so aus, also fiel es mir nicht so auf. Ich bekam ein eilig zubereitetes Abendessen und die Anweisung, meine Hausaufgaben zu machen und zu Bett zu gehen. Wieder fragte ich, «Warum ist Papa noch nicht zuhause?» Und wieder erhielt ich eine abrupte Antwort. «Ich habe wirklich keine Ahnung, beeil dich und mach deine Schulsachen fertig.»

Das verblüffte mich, denn normalerweise nahm meine Mutter es sehr genau mit meinen Hausaufgaben und sorgte dafür, daß ich sie korrekt machte, schließlich sie war bestrebt, daß meine Schwester und ich gute Noten bekamen, um später gute Karrieremöglichkeiten zu haben. Ich tat wie mir geheißen und ging ins Bett, wo ich rasch einschlief.

Das Wohnzimmer lag genau neben meinem Schlafzimmer, und ich erwachte vom Geräusch mehrerer Stimmen, als befände sich eine Gruppe von Menschen im Nebenzimmer. Ich konnte nicht genau verstehen, was vor sich ging, aber dann erkannte ich, daß Englisch gesprochen wurde und meine Schwester übersetzte. Damals verstand ich schon eine Menge Englisch und konnte hören, wovon gesprochen wurde. «Wir wissen nicht, wo ihr Mann ist,» hörte ich jemanden, vermutlich zu meiner Mutter, sagen. «Er ist aus freien Stücken hingegangen und wir wissen nicht, ob er zurückkommen wird. Wir haben keine Ahnung.»

Mutter weinte, meine Schwester sprach leise, also konnte ich nicht alles verstehen, was gesagt wurde, aber langsam dämmerte mir, daß sie von Vater sprachen. Aus irgendeinem Grund war er verschwunden und niemand schien zu wissen, wo er war. Ich hörte die Worte . . . «Grenze,

wenn sie erst einmal über die Grenze sind, gibt es nichts mehr, was wir tun können,» sagte ein Engländer.
Es war alles etwas verworren, aber langsam stieg große Furcht in mir auf. Ich war wie gelähmt und außerstande, aufzustehen und nachzufragen, was geschehen war. Ich zitterte vor Angst. Was geschah hier? Der Krieg war vorbei, es gab keinen Grund, sich zu fürchten, wir waren in Sicherheit und zusammen, aber falls Papa verschwunden war, waren wir doch nicht mehr zusammen... eine große Dunkelheit überkam mich und ich begann zu weinen. In dieser Nacht muß ich mich in den Schlaf geweint haben. Am nächsten Morgen hieß Mutter mich aufstehen, anziehen, frühstücken und zur Schule gehen. «Wo ist Papa?» bettelte ich. «Ich weiß es nicht,» entgegnete sie mit verschlossenem Gesicht, und ich wagte nicht, noch einmal zu fragen. Aus meiner Schwester war auch nicht mehr herauszubekommen, also hielt ich es für klüger, mich zu fügen und zur Schule zu gehen.

Wie üblich traf ich mich mit einer Gruppe von Mitschülern und überstand irgendwie den Schultag. Als ich heimkehrte, lag eine düstere Stimmung über dem ganzen Haus, wie ein dichter Nebel, der einem die Kehle zuschnürte und den Magen verkrampfte. Ich hatte wirklich furchtbar große Angst, sah meine Mutter entweder weinen, schreien oder verstummen, und meine Schwester schüttelte jedes Mal den Kopf, wenn ich etwas fragen wollte, bis ich erkannte, daß ich keine Antwort bekommen würde. Also ging ich zu der einzigen Person, die mir entweder die Wahrheit, oder, wenn sie dies nicht konnte, gar nichts sagen würde. Als ich meine Großmutter fragte, war sie sehr traurig und erklärte «Wir müssen jetzt beten. Dein Vater hat die Grenze überquert. Er hat versucht, von der Baumschule Blumen und Pflanzen zu bekommen, um sie auf das Grab seines Vaters zu legen.» (Mein Großvater war in dem von Russen besetzten Dorf, wo wir vor unserem Umzug gelebt hatten, beerdigt worden.) Mitglieder meiner Familie

waren oft über die Grenze gegangen, um Großvaters Grab zu pflegen, aber obwohl die Grenzen offen waren, herrschte ein Klima des Mißtrauens und der Furcht, und mein Vater war nicht der Einzige, der damals verschwunden war.
Großmutter fuhr fort, «Wir haben nichts von ihm gehört und wissen nicht, wo er ist, und ob er zurückkommen wird oder nicht.»
Ich war geschockt und fragte «Warum? Er ist ein guter, freundlicher Mann, der keiner Fliege etwas zuleide tun konnte, nicht Papa. Nicht in einer Million Jahre.» Traurig schüttelte Großmutter ihren Kopf und wiederholte «Alles, was wir jetzt tun können, ist beten.»
Ich verlor die Hoffnung und ein inneres Gefühl sagte mir, daß ich meinen Vater nicht wiedersehen würde. Als wäre er gestorben und würde nicht zurückkommen.

Die nächsten Tage vergingen rasch, es gab keine Neuigkeiten, und auf meine Fragen erhielt ich knappe Antworten. Ich war so jung. Er war weg. Er war mir immer so kräftig, liebevoll und freundlich erschienen, mein geliebter Vater, bei dem ich mich stets sicher fühlte. Er, dessen Eintreten stets den ganzen Raum erleuchtete, war verschwunden, und ich fühlte mich verletzlich, ungeschützt, völlig allein und hoffnungslos.
Ich erinnere mich, wie ich mich mit einem Block und Bleistift unter eine Birke legte. Ich begann, Gedichte zu schreiben, was sonderbar erscheint, denn manche Gedichte handelten von der Hoffnungslosigkeit und Verzweiflung mancher Menschen, und doch gab es eine liebevolle Kraft, die Hoffnung schenkte. Diese Gedichte zu schreiben beruhigte mich, und heute, im Rückblick auf diese Zeit, erschien es mir wie eine heilende Salbe. Der Baum, die wiegenden Äste und das Grün der Blätter schien mir innere Ruhe zu geben.

Das Leben ging weiter. Ungefähr zwei Jahre lang hörten wir nichts von Papa. Mutter wurde sehr krank. Mein Schwester war verlobt und mit ihren Plänen für ihre Zukunft beschäftigt. Großmutter war alt, und obwohl sie schon so viele Jahre zählte, gab ihre Gegenwart mir Hoffnung, und ich konnte auf ihre Umarmungen und beruhigenden Worte zählen. Ihr Ratschlag war immer «Alles, was wir jetzt tun können, ist beten und hoffen. Die Wege des Herrn sind unergründlich.»

Dank ihres stillen Glaubens fand ich, trotz der Hoffnungslosigkeit, zu Gott. Ich ging jeden Sonntag zur Kirche, und die Gebete, Hymnen, Predigten und die ganze spirituelle Atmosphäre in der Kirche spendeten mir großen Trost. Indem ich mich Gott, dieser großen Kraft, seinem großen Geist, zuwandte, gelang es mir, die Umstände um mich herum zu verkraften, nicht unter ihrer Last zu zerbrechen.

Dies war der Beginn einer Reise, bei der ich, wann immer etwas großes, erschreckendes in meinem Leben geschah, in der Umarmung des großen Geistes Trost fand. Ob in einer Kapelle, einer Kirche oder meinem eigenen Wohnzimmer, die innere Einkehr zu Gott, der Quelle, verleiht mir Kraft und hilft mir, alles zu meistern.

Ich lernte, daß, was auch immer geschah, wir damit umgehen können, wir ein positives Leben schaffen können, indem wir die Vergangenheit ruhen lassen. Die Vergangenheit zu heilen verbittert uns nicht. Das Herz dennoch der Liebe zu öffnen, zu lieben und Liebe zu erfahren, ist sehr wichtig in unser aller Leben.

Nach ungefähr zwei Jahren erzählte ich meiner Mutter eines Tages, daß sie vom Roten Kreuz einen Brief mit Nachrichten über Papa erhalten würde. Sie sah mich verwundert an, doch am nächsten Tag kam ein Brief vom Roten Kreuz, der mitteilte, daß Vater sich als politischer Gefangener in einem ostdeutschen Internierungslager befand. Der Name dieses Lagers erfüllte uns mit Schrecken, denn wir wußten, wie übel die Umstände dort waren, doch endlich erfuhren wir, daß er am Leben war, wir ihm Pakete und Briefe schicken, mit ihm kommunizieren konnten. Es gab wieder Hoffnung, er war noch mit uns auf diesem Planeten, und eines Tages würde er vielleicht zurückkehren. Sein Fehlen hinterließ eine große Lücke in unserem Leben, aber wenigstens konnten wir jetzt das Licht am Ende des Tunnels sehen. Es gab wieder Leben. Es gab wieder Hoffnung.

Dieses Ereignis änderte die Richtung, die mein Leben nahm, aber es bedeutete weder Glück noch Unglück, denn wir kennen den Gesamtplan nicht.

Es gibt eine alte Geschichte, die uns hilft zu verstehen, weshalb wir nicht urteilen und keine Schuldgefühle mit uns herumtragen sollen. Manche sagen, es ist eine alte Sufi Geschichte, andere meinen, sie stamme von den Ureinwohnern Nordamerikas. Hier ist sie:

Vor langer Zeit lebte ein alter Mann in einem Dorf. Er besaß ein extrem schönes Pferd, und Leute aus vielen umliegenden Dörfern hatten von diesem wunderschönen Tier gehört und bewunderten es. Auch der große Häuptling hatte davon gehört und schickte einen Kurier zu dem alten Mann, um zu fragen, ob er es kaufen könne. Der alte Mann besaß eine sanfte Würde und stille Art, und sagte «Bitte richte dem großen Häuptling meine Grüße und meinen Dank für sein Angebot aus, aber er kann das Pferd nicht kaufen. Es ist mein Freund und Gefährte, der mich kennt, und ich kenne ihn. Ich kann meinen Freund nicht verkaufen.»

Der Kurier ging wieder. Ein paar Wochen später verschwand das Pferd des alten Mannes und die Dorfbewohner versammelten sich um ihn, um sein Unglück zu teilen, denn er hätte ja das Pferd verkaufen können, doch jetzt besaß er weder Pferd noch Geld. Der alte Mann sah sie mit freundlichen Augen an und sagte «Es ist weder Glück noch Unglück, denn wir kennen den Plan nicht. Sagen wir einfach, das Pferd ist weggelaufen.» Mit amüsiertem Kopfschütteln verließen ihn die Dorfbewohner wieder. Monate später kehrte das Tier zurück, gefolgt von zwanzig anderen Pferden, jedes voll Energie und Vitalität. Die Dorfbewohner erklärten dem Mann, er habe Recht gehabt. Es war kein Unglück gewesen, daß das Pferd weggelaufen war, sondern Glück, denn jetzt hatte er nicht nur sein Pferd zurück, sondern noch zwanzig weitere schöne Tiere. Voller Mitgefühl schüttelte der Mann wieder seinen Kopf: «Es ist weder Unglück noch Glück, denn wir kennen den Plan nicht. Sagen wir einfach, das Pferd ist zurück.» Die Leute schüttelten wieder ihre Köpfe, denn es war doch wirklich ein Glück, so viele gute Pferde zu haben.

Der alte Mann hatte einen Sohn, der sehr gut darin war, Pferde zuzureiten. Jeden Morgen stand er früh auf, um seine Arbeit zu tun. Der Vater beobachtete seinen Sohn, der sich mit natürlicher Grazie auf den nackten Rücken eines wilden Pferdes schwang. Aber das Pferd bockte, wand sich nach links und rechts und trat mit den Hinterbeinen aus, bis der Sohn in hohem Bogen herunterfiel und sich beim Sturz beide Beine brach. Alle Dorfbewohner versammelten sich, sprachen dem alten Mann ihr Mitgefühl aus. «Du hattest Recht,» sagten sie, «die Rückkehr deines Pferdes war ein Unglück. Jetzt ist dein einziger Sohn ein Krüppel. Wer kümmert sich nun in deinem Alter um dich?» Der alte Mann stand auf und sagte «Es ist weder Glück noch Unglück. Sagen wir einfach, daß mein Sohn sich die Beine gebrochen hat. Wir kennen den Plan nicht.» Die Dorfbewohner, überzeugt, daß es sich um ein großes Unglück handelte, gingen wieder.

Ein großer Krieg brach aus, und der Häuptling rief alle jungen Männer zu sich, um eine große Schlacht zu schlagen. Die Dorfbewohner trauerten, denn sie waren sicher, ihre Söhne nie wieder zu sehen. Wieder versammelten sie sich um den alten Mann und erklärten, daß der Beinbruch seines Sohnes kein Unglück war, denn, obwohl verkrüppelt, hatte er seinen Sohn noch, während sie ihre nie wiedersehen würden. Und wieder entgegnete der alte Mann, «Es ist weder Glück noch Unglück. Wir kennen den Plan nicht . . .»

Wenn wir unseren Lebensweg erkunden, erfahren wir uns manchmal selbst als Opfer, oder machen andere dazu. Es kann auf dem Weg dieses, oder eines vergangenen Lebens, passieren.
Alles, was wir wissen müssen, ist, daß jede Erfahrung weder gut noch schlecht ist, denn wir kennen den Gesamtplan nicht.

Was mit meinem Vater geschah, änderte den Kurs meines Lebens, meine Zukunft, aber ob es gut oder schlecht war, weiß ich nicht. Alles, was ich weiß, ist, daß mein Vater aus meinem Leben verschwand, aber ich kenne den Plan nicht.

KAMPFGEIST

Welche Leiden der Mensch auch zu erdulden habe, er trägt nur zu ihnen bei, wenn er sich der Verzweiflung hingibt.

Konfuzius

Die Zeit verging, und ich machte weiter, so gut ich konnte. Meine Großmutter war mir eine robuste Verbündete, zu der ich gehen und Liebe erfahren konnte. Meine Schwester war damit beschäftigt, ihr neues Leben zu planen, sie wollte endlich heiraten und eine eigene Familie gründen. Es muß so ein Jahr später gewesen sein, als die britischen, amerikanischen und französischen Alliierten beschlossen, die Deutsche Reichsmark zu entwerten und neues Geld auszugeben. Da mein Vater nicht da war, verstand ich nicht genau, was geschah, ich war noch zu jung, aber plötzlich waren alle Öl-Aktien und Geldanlagen entwertet, und jedem Haushalt wurde nur eine kleine Summe zugestanden, man mußte damit auskommen. Plötzlich gab es kein Einkommen mehr, keine Ersparnisse, auf die man hätte zurückgreifen können, und von einem Tag auf den anderen waren wir arm. Ich habe es nicht verstanden, denn zuvor wurde nie über Geld gesprochen, oder zumindest nicht in meiner Anwesenheit. Wenn ich etwas Normales benötigte, habe ich es bekommen, und es gab nie Probleme, aber mit einem Mal war selbst ein Übungsheft, das nur ein paar Pfennige kostete, zuviel. Das war eine neue Krise, was sollte man tun. Ich lernte sehr früh, daß ich, um Geld zu bekommen, etwas tun mußte; und da ich kleine Kinder sehr mochte, war es nie schwierig, einen Job als Babysitter zu bekommen, oder bei der Kartoffelernte sammeln zu helfen. Im Sommer half ich den Bauern auf den Feldern, so oft ich konnte. Es war ein sehr aktives Leben voller harter Arbeit, aber auch frischer Luft, und ich war stolz, Geld für meine eigenen Bedürfnisse verdient zu haben, damit ich niemanden um Geld bitten mußte.

Nach meiner Konfirmation in der lutherischen Gemeinde wurde ich Lehrerin der Sonntagsschule und unterrichtete die Jüngsten. Ein sonderbares Phänomen geschah, welches ich erst später begriff. Ich hatte viel Freude daran, diesen kleinen Kindern die Wege Gottes und das Leben Jesus' beizubringen, und ich kann mich noch daran erinnern, wie ich unter ihren strahlenden Gesichtern meine Erzählungen begann, aber nicht ein einziges Wort fällt mir mehr ein. Sobald ich geendet hatte, saßen sie ganz still und reglos da, und schienen es genossen zu haben. Der Pastor fragte mich immer, was ich ihnen an diesem Tag beigebracht hatte, aber ich konnte mich an kein Wort erinnern.

Heute ist mir natürlich bewußt, was geschehen war. Unter der gesamten spirituellen Arbeit war die spirituelle Philosophie meine große Liebe, und als ich das erste Mal erlebte, wie ein Medium diese spirituelle Philosophie channelte, empfand ich es als etwas absolut Wunderbares. Bis zu diesem heutigen Tag, während ich diese Arbeit schon seit dreißig Jahre mache, liebe ich es nach wie vor mit ganzem Herzen. Ich stehe da, öffne meinen Mund, beginne zu sprechen und fühle, wie mich die spirituelle Kraft umgibt, und mir ein Gefühl von Frieden, Erhebung und Erfüllung verleiht. Anschließend kann ich mich nur an Bruchstücke erinnern, manchmal an ganze Mitteilungen, die für mich ganz allein bestimmt sind, um mir selbst zu helfen, mit manchen Dingen klarzukommen.

So begann vor langer Zeit als Sonntagsschullehrerin meine Liebe für diese Philosophie und die Fähigkeit, ihr als Medium zu dienen. Ich genoß es damals, genieße es heute, und hoffe, es noch so lange zu genießen, wie es mir gestattet sein wird.

Nach dem Verschwinden meines Vaters und dem Überlebenskampf erkannte ich die Macht und Stärke des menschlichen Willens. Diese Lebensfreude, oder joie de vivre, wie die Franzosen es nennen, machte sich immer bemerkbar, wenn ich deprimiert war und kein Licht am Ende des Tunnels sehen konnte – irgendetwas trieb diese Lebensfreude an die Oberfläche. Es mag nur ein kleines unbedeutendes Zeichen gewesen sein, das mich anhielt, den Kelch des Lebens in die Hand zu nehmen und weiterzumachen. Das, und mein eigener Kampfgeist halfen mir nach dem Verschwinden meines Vaters.

Meine Mutter erlitt einen Nervenzusammenbruch, und damals sprach man nicht über solche Beschwerden. Mir wurde gesagt, sie leide an Herzproblemen, aber oft explodierte sie und begann zu schreien, zittern und brüllen, also rief ich den Arzt an, um ihr eine Injektion geben zu lassen. Da ich wenig über seelische oder geistige Krankheiten wußte, akzeptierte ich, was mir meine Familie erklärte, obwohl mich die Schreie und Attacken meiner Mutter oft ängstigten. Ich habe sie wohl immer an meinen Vater erinnert, denn ich sah ihm recht ähnlich, und hatte auch einige Charakterzüge mit ihm gemeinsam. Es war sehr schwer, doch dank meiner Großmutter, meinem Schutzengel in menschlicher Form, gelang es mir, damit umzugehen. Sie war meine Zuflucht, eine Quelle der Liebe, in ihre offenen Arme konnte ich fliehen, wenn es daheim zu unerträglich wurde. Wie viele junge Menschen, die – um die Erwachsenen aufzurütteln – störendes Verhalten an den Tag legen, wenn sie ignoriert werden, war es mit mir wohl ähnlich. Ich war störrisch und rebellisch, nicht der Typ, im Hintergrund zu verschwinden, wenn es von mir verlangt wurde. Ich glaube, ich werde mich niemals still im Hintergrund halten. Der Kampfgeist macht sich immer lautstark bemerkbar.

Ich wandte mich an Gott und die Kirche. Da wir im örtlichen Pfarrhaus lebten, nahm die Religion großen Einfluß auf mich, und ich fand dort Kraft und Trost. Jedes Mal, wenn ich zur Kirche ging und die Orgel spielen hörte, umfing mich ein wundervoller Frieden, ich setzte mich und lauschte, hörte auf jedes Wort der Sonntagspredigt des Pastors.

Damals, so kurz nach dem Krieg, suchten viele junge Menschen eine Möglichkeit der Begegnung, und so gründeten wir eine Jugendgruppe, die auf unserer Kirche basierte. Wir überredeten den Pastor, uns einen Teil des Dachbodens freizumachen, wo wir Tischtennis etc. spielten. Im Dorfsaal führten wir Theaterstücke auf, zeigten Volkstänze, wir unternahmen Ausflüge mit der Kirchengruppe, und üblicherweise war ich immer fester Bestandteil dieser kirchlichen Aktivitäten.

Das schien in meinem Leben die Regel zu werden. Wann immer etwas traumatisches oder aufwühlendes in meinem Leben geschieht, finde ich Trost in der Struktur der Gottesdienste, die den Regeln innerhalb der Familie sehr ähneln: wie sich in einer Familie die gleichen Menschen zur selben Zeit am Tisch zusammenfinden, sieht man auch in der Kirche dieselben Mitglieder einen Grundkern bilden, und durch dieses stabile Muster den anderen Sicherheit vermitteln. Wenn das eigene Leben aus den Fugen geraten erscheint, kann man in der stabilen Struktur eines Gottesdienstes Trost finden, und ich hoffe, niemals über diesen Belangen zu stehen. Ich finde es sehr beruhigend, daß es, ungeachtet der Religion oder des Glaubens, den sie verkünden, Kirchen gibt, in denen Menschen Schutz und Trost finden können.

Die Kirche wurde zu meiner Familie, die mir Frieden und ein Übermaß an Liebe schenkte. Der Pastor wurde eine Art Mentor für mich; ihn konnte ich um Rat bitten, mit ihm sprechen. Er war sehr freundlich und unterstützte mich in allem, was ich versuchte. So wurde diese Zuwendung an die Kirche zu einer wichtigen Phase meines Lebens. Natürlich gab es, wie in den eigenen Familien, unter den Kirchenmitgliedern manchmal Ungereimtheiten; niemand ist perfekt, jeder hat seine Fehler, und wir sollten das akzeptieren und nicht kritisieren, sondern uns einfach der Struktur als solches einfügen. Aus diesem Grund lernte ich schon mit jungen Jahren, über die Schwächen und Fehler gewisser Mitglieder zu lächeln. Manche waren kritisch, manche weniger, aber alle waren sie menschliche Wesen, und im Grunde waren die Kirche und ihre Mitglieder jede Woche vereint, wie eine Umarmung, in die man schlüpfen konnte.

Dank der damaligen Unterstützung der Kirche, meiner Gruppenmitglieder und all der Aktivitäten, die wir unternahmen, gelang es mir, eine Zeit zu überstehen, die viel schwieriger hätte verlaufen können. Es war eine sehr wertvolle Erfahrung, die mir beibrachte, ein gutes Gruppenmitglied zu sein, und einzusehen, daß ich an dem Verschwinden meines Vaters nichts ändern konnte. Kummer und Schmerz waren stets mit mir, aber meine neue Kirchenfamilie linderte meine Pein. Es gab eine Küsterin, den Chor, den örtlichen Organisten, der auch Lehrer war, den Pastor und seine Familie. Die Ortskrankenschwester war eine protestantische Nonne, die immer Zeit für mich hatte, besonders, nachdem ich ihr erzählt hatte, daß ich auch Krankenschwester werden wollte. Manchmal nahm sie mich auf ihren Runden mit, wenn sie Injektionen gab oder Patienten zuhörte. Ich bewunderte sie und ihr Tun, und meine Entschlossenheit, ebenfalls Krankenschwester zu werden, wuchs.
Schließlich schickte meine Mutter für mich eine Bewerbung an die Geburtsstation eines Hamburger Hospitals. Ich mochte Babies und Kinder sehr gern und dachte, daß dieser Beruf genau das Richtige für mich wäre. Ich mußte nach Hamburg zu einer Art Eingangsexamen und eine Dissertation schreiben, weswegen ich Krankenschwester werden wollte. Ich fuhr wieder heim und erhielt ein paar Tage später die Nachricht, angenommen worden zu sein. Ich war aufgeregt, denn nun begann ich einen Weg des Dienstes an den Menschen. Als ich in Hamburg ankam, um meine Karriere als Krankenschwester zu beginnen, und das erste Mal eine Uniform anzog, fühlte ich mich wunderbar. Natürlich betrachtete ich mich, wie so viele andere damals, als wahre Florence Nightingale, die ihren Patienten kühle Hände auf die fiebrige Stirn legte

und sich um schwer kranke Kinder kümmerte. Daher war ich sehr überrascht, als mir die Lehrschwester erzählte, mein erster Einsatz wäre in der Psychiatrie für gestörte Kinder. So hatte ich mir die Arbeit nicht vorgestellt, und fragte, warum um alles in der Welt ich dort, in der als sehr schwierig geltenden Abteilung, beginnen mußte. Mir wurde gesagt, daß es an meiner Dissertation gelegen hatte, anhand derer geglaubt wurde, ich hätte eine Intuition für den Umgang mit gestörten Kindern. Mir blieb keine andere Wahl. Ich sollte mit einem brillianten Psychiater zusammen arbeiten, der offenbar der Freudschen Lehre folgte. In vielen Fällen hatte ich das Gefühl, die Kinder gehörten nicht in die Abteilung, da sie nicht geistig gestört waren, und ich empfand instinktiv, daß es nicht genug Wissen gab, dies zu verstehen. Die Menschen können nicht über ihr Wissen hinaus handeln oder leben, denn wir sind zu begrenzt dafür.

Ich hoffte, daß der Einsatz in dieser Abteilung so schnell wie möglich vorbei sein würde, aber nach einer Weile bekam ich Magenschmerzen. Als mich eine der Schwestern sah, wie ich mich vor Schmerzen krümmte, schickte sie mich zu dem Arzt, der zuvor die Ursache nicht hatte erkennen können. Es konnte eine Entzündung der Eierstöcke sein oder etwas anderes, aber schließlich diagnostizierte man eine Blinddarmentzündung. Ich wurde gleich operiert, und beim aufwachen sah ich das besorgte Gesicht meiner Mutter, die an meinem Bett stand. Damals dauerte es viel länger, sich von einer Narkose zu erholen, und da ich gerade eine dreiwöchige Nachtschicht hinter mir hatte und sehr erschöpft war, verzögerte dies meine Genesung.
Jedes Mal, wenn ich versuchte, aufzustehen, war ich einer Ohnmacht nahe, fühlte mich sehr unwohl. Mein behandelnder Arzt erklärte, ich hätte ein Herzgeräusch, weshalb ich vor meiner Entlassung aus der Abteilung in das Zimmer der Oberschwester gerufen und mir mitgeteilt wurde, daß ich deshalb und wegen meines schlechten Gesundheitszustands nicht zur Krankenschwester geeignet wäre.

Ein weiterer Traum zerstört und unerfüllt. Was nun?

Zögernd kehrte ich nach Hause zurück. Wohin sollte ich nun gehen, was sollte ich tun? Ich hatte mir so fest vorgenommen, Krankenschwester zu werden. Vor dem Verschwinden meines Vaters hatte ich Musik und Gesang studieren wollen; ich liebte beides, hatte es mir fest vorgenommen, ehe ich mich auf den Gedanken gestürzt hatte, Krankenschwester zu werden. Doch nun war mir dieses Projekt ebenfalls aus den Händen gerissen worden – was sollte ich nun tun? Welchen Weg würde mein Leben nehmen? Gab es jemals die Chance, meinen Hoffnungen gerecht zu werden, eine Aufgabe zuende zu führen?

Was ich nicht erkannte, war, daß dies alles Teil eines Plans war, damit ich Jahre später eines Tages zu einem philosophischen Zirkel in York kam, und ein chinesischer Führer durch ein channelndes Medium mit liebevollen, sanften Tönen zu mir sprach: «Oh, Kleine, du hältst dich für sehr schlau, hier in diese Gruppe gelangt zu sein. Weißt du nicht, wie viel Energie nötig war, dich auf diesen Platz, auf diesen Weg des spirituellen Dienstes zu leiten? . . .»

Ich hatte das Gefühl, ein Schleier wäre von meinen Augen genommen worden. Ich konnte sehen und begreifen, weshalb mir so viele Enttäuschungen widerfahren waren, aber daß dafür immer Neues erschienen war. Hatte ich etwas für beendet gehalten, gab es tatsächlich kein Ende, sondern ein Zeichen für einen Neuanfang. Auf diese Weise erschien mit dem Ende meiner Träume als Krankenschwester ein neuer Pfad in eine neue Richtung, die mich irgendwann nach England bringen sollte.

Es war – und ist – ein Teil meiner Suche nach dem Licht.

Kapitel 9

IAN

Genieße den Frühling der Liebe und Jugend; überlasse den Rest einem guten Engel. Die Zeit wird dich bald die Wahrheit lehren – im Nest des letzten Jahres liegen keine Vögel

Longfellow

Am Ende meiner kurzlebigen Karriere als Krankenschwester fand ich mich daheim wieder, etwas deprimiert und gehemmt durch die Beschränkungen, die mir meine Mutter auferlegte. Ich hatte mich an ein unabhängiges Leben gewöhnt und fand es hart, daß jetzt alle meine Bewegungen überwacht wurden. Langeweile setzte ein. Meine Schwester arbeitete damals im britischen ‹Leave Center› für Offiziere in Bad Harzburg. Sie sprach fließend Englisch und wußte, daß ich in der gleichen Sprache sprechen, lesen und schreiben konnte, daher schlug sie mir einen Richtungswechsel vor. Hätte ich Interesse daran, für die Britischen Streitkräfte zu arbeiten?
Zu der damaligen Zeit hätte ich alles getan, um aus der restriktiven Umgebung herauszukommen, also sagte ich Ja. Meine Schwester bot mir an, mal mit dem zuständigen Offizier zu sprechen. Am nächsten Tag, als sie von der Arbeit zurückkam, sagte sie, es gäbe in Hildesheim – 90 Minuten Zugfahrt, also weit genug entfernt von zuhause – möglicherweise eine Arbeit für mich; man suchte dort nach Leuten, die flüssig Englisch sprachen.

Rasch waren die Räder ins Rollen gekommen. Ich stimmte einem Bewerbungsgespräch zu und hatte bald einen Termin mit meinen künftigen Arbeitgebern. In Hildesheim angekommen, erreichte ich das Lager und mußte dem Wachposten meinen Namen nennen. Noch mehr Restriktionen, dachte ich zuerst, aber die Leute waren sehr nett, und sobald meine Identität und der Zweck meines Besuches geklärt waren, wurde ich zu der Leiterin der NAFFI geführt. Sie war eine sehr fröhliche, positive Frau, und es wurde abgemacht, daß ich in der nächsten Woche anfangen sollte. Nachdem sie mir meine Aufgaben – die sich einfach genug anhörten – erklärt hatte, meinte sie, es gäbe für mich ein Zimmer, das ich mit einem anderen Mädchen würde teilen müssen. Wir schüttelten uns die Hände und ich fuhr nach Hause, glücklicher und positiver, als ich mich seit langem gefühlt hatte.

Am Gesichtsausdruck meiner Mutter konnte ich sehen, daß sie einige Zweifel hatte, aber gleichermaßen froh schien, mich loszuwerden. Wie alle Mütter es tun, gab sie mir haufenweise Ratschläge und sagte, ‹Geh› nicht mit irgendwelchen britischen Offizieren aus, sei vorsichtig, «Mädchen können rasch Ärger bekommen» – eben die typischen Maßregeln aller Mütter...

Ziemlich hochnäsig erwiderte ich, daß ich nicht die Absicht hätte, mit irgendwelchen britischen Soldaten, Offizier oder nicht, auszugehen, sondern eher meiner eigenen Nationalität treu bleiben würde. Außerdem hatte ich gerade das Ende einer Romanze hinter mir und war sicher, Männer stünden generell nicht auf meinem gegenwärtigen Plan.
Am Tag meiner Abreise überschütteten mich Mutter, Schwester, Tanten und Onkel derart mit guten Ratschlägen, daß ich wirklich froh war, den Zug zu besteigen und mich der neuen Herausforderung zu stellen.

Bei meiner Ankunft wurde ich dem Mädchen vorgestellt, mit dem ich mir ein Zimmer teilen würde. Sie war eine sympathische junge Frau, wir schienen gut zusammenzupassen. Man erklärte mir meine Pflichten und gab mir eine Uniform, die mir nicht gefiel, aber nun einmal Vorschrift war. Ich hatte, abgesehen von den Kleidungsvorschriften als Krankenschwester, Uniformen nie gemocht.

Der Umkleideraum war voller Mädchen, die eifrig schnatterten, wobei ein Name ganz besonders oft fiel – ‹Blondie sagt dies, Blondie sagt das› und ich fragte mich, wer diese beliebte Frau sein mochte. Es stellte sich heraus, daß Blondie keine Frau, sondern ein Mann war, der nicht nur Charme und gutes Aussehen besaß, sondern daneben die Freundinnen wechselte wie seine Unterwäsche.
Man berichtete uns von seinen letzten Eroberungen, was er gesagt und getan hatte, und ich dachte mir gleich, daß er die Sorte Ärger bedeutete, der ich besser aus dem Wege ging, deshalb hielt ich an meinem Entschluß fest, mit niemandem auszugehen.
Die Aufregung der Mädchen amüsierte mich, und noch alberner wurde es, als ein Tanzabend bevorstand. Dabei handelte es sich um ein jährlich stattfindendes Fest, und da es immer mehr Männer als Frauen gab, waren die Mädchen von der NAFFI eine willkommene Bereicherung. Man bat mich zu kommen, aber ich sagte ab und erklärte, lieber ins Kino gehen zu wollen. Einen Tag später rief mich die Lagerleiterin zu sich und fragte mich, ob ich zu dem Tanzfest gehen würde, und ich erklärte auch ihr, daß ich lieber ins Kino wollte, da mich ein Spätfilm interessierte. Sie bestand darauf, daß eine von uns als Repräsentantin des Lagers hingehen sollte, und fügte hinzu, ich würde bei den Offizieren sitzen. Aber auch das konnte mich nicht umstimmen und ich lehnte erneut ab.
Meine Zimmergenossin hatte einen Freund, Corporal Penny, der im Royal Medical Corps war.
Sie stellte mir diesen freundlichen, angenehmen Mann vor, und ich sah ihre Zuneigung für ihn.
Er bat mich immer wieder, zu dem Tanzfest zu kommen, aber ich lehnte immer ab und erklärte, meine Freundin und ich würden ins Kino gehen. Es gab Freitag Nacht einen Spätfilm, zu dem wir uns würden sputen müssen, da er um 22.30 Uhr begann, und wir bis um 22.00 Uhr zu arbeiten hatten. Da jeder beim Tanz war, gab es nicht viel aufzuräumen, und so hasteten wir durch unsere Aufgaben.

Manche der Jungs nervten uns damit, unbedingt zu dem Tanzfest zu kommen, boten auch an, uns mitzunehmen, aber alles vergebens. Wir machten uns rasch fertig, holten unsere Ausgehpässe, die wir beim Wachposten vorzeigen mußten, als plötzlich zwei Soldaten auftauchten!
«Verzeihen Sie, meine Damen, aber der Wachkommandant wünscht Sie zu sehen,» sagte er.
Als wir fragten, ob etwas mit unseren Pässen nicht stimmte, erhielten wir keine Erklärung, sondern nur die erneute Mitteilung, daß der Wachkommandant uns sehen wollte. Wir waren ein wenig schockiert und hofften, es würde nicht zu lange dauern, sonst würden wir den Anfang unseres Films verpassen.
Ein Soldat erklärte nur, er hätte seine Befehle, und wir müßten ihm folgen. Wir marschierten durch das gesamte Lager zu dem großen Zelt, in dem das Tanzfest stattfand. Wir waren etwas perplex, als wir die Musik hörten, und wurden hineingeführt. Am Eingang erschienen zwei Kerle. Der eine war der Freund meiner Zimmergenossin, den anderen hatte ich noch nie zuvor gesehen. Er hatte blondes, lockiges Haar, sah sehr gut aus, hatte ein attraktives Lächeln und ein Glitzern in den Augen. Ich hielt ihn für süß, aber ich fragte mich, was er wollte, als er plötzlich den zwei Soldaten dankend zunickte und mir danach meinen Mantel abnehmen wollte. Er sagte, sein Name sei Ian, und fragte mich nach meinem. Ich war völlig verdattert und antwortete ihm nur knapp, als er entgegnete, «Schön, dich kennen zu lernen, Doris.»

Dann führten sie uns unter dem Pfeifen, Rufen und Applaudieren der anderen Männer über die Tanzfläche – ich wäre am Liebsten im Boden versunken! Ich wollte aber keine Szene machen und fügte mich, waren wir doch tatsächlich entführt worden!

Als man mich fragte, was ich trinken wollte, fiel mir nur ein, was die anderen tranken – Rum und Cola – was ich noch nie probiert hatte.

Irgendwann mußte ich auf die Damentoilette und als meine Zimmergenossin mich begleitete, sagte sie «Du errätst nie, was Ian gerade gesagt hat!»
Ich entgegnete, mich würde nichts überraschen, war er doch der unverfrorenste Mensch, der mir je begegnet war. Sie lachte und sagte, daß ich völlig baff wäre, wenn ich erfuhr, was er ihrem Freund erzählt hatte:

«Das ist das Mädchen, das ich heiraten werde, in sechs Wochen sind wir verlobt, in einem Jahr verheiratet, und unser erstes Kind wird ein Junge sein.»

Ich lachte nur und dachte, welche Unverfrorenheit – man müßte ihn für seine Frechheit schon fast bewundern. Wir begannen zu kichern und kehrten zu den anderen zurück. Wir tanzten, lachten und alberten herum, und ich weiß noch, wie ich Ian ansah und dachte, daß es nett sein müßte, von ihm geküßt zu werden. Ich weiß nicht, ob er meine Gedanken lesen konnte, aber als wir tanzten, gab er mir einen kurzen Kuß. Ein seltsames Gefühl überkam mich. Ein Photograph machte ein Foto von uns und um etwa Mitternacht, als das Fest vorbei war, brachten die Jungs uns zu unserem Quartier und baten um ein Rendezvous für den nächsten Abend, dem ich – zu meiner größten Überraschung – zustimmte. Keine von uns beiden fand Schlaf, wir waren noch viel zu schockiert darüber, wie man uns regelrecht zu diesem Fest gezwungen hatte. Und doch war es auch aufregend gewesen, obwohl ich mir das nicht eingestehen wollte.

Das war der Beginn meiner Beziehung und späteren Ehe mit Ian. Wir haben uns verlobt, nicht sechs, sondern eher zehn Wochen später, und waren binnen weniger als einem Jahr verheiratet.
Neun Monate später bekamen wir unser erstes Kind, einen Jungen, den wir auch Ian nannten.

Es war der Beginn einer Reise, die mich nach England, Nordafrika, Malta, zurück nach Nordafrika und Deutschland, und eines Tages in eine spiritistische Kirche in England führte.

In der Zwischenzeit geschahen viele Dinge, begegnete ich vielen Menschen, die mich unterschiedliche Lektionen lehrten. Wir können es nicht immer in dem jeweiligen Moment erfassen, aber im Rückblick erkenne ich heute, daß ich viel von Ian lernte, und vier wundervolle Kinder von ihm bekam. Wir hatten nicht wirklich zueinander gepaßt. Er war kein schlechter Mensch, nur verwirrt, nicht im Reinen mit sich selbst, und zu jung für eine Ehefrau und Familie. Er konnte seine Gefühle nicht zeigen, und hatte soviel emotionale Altlasten, daß es für andere keinen Platz gab. Es hat nicht gehalten, und doch blieben wir lange genug zusammen, um unsere Kinder aufzuziehen und uns zusammenzuraufen, aber eines Tages war mir klar, daß wir nicht zueinander paßten. Wir waren zu verschieden, als daß es hätte passen können, egal, wie sehr wir uns auch bemühten. Er war für die Gefühle und Gedanken, die er seit seiner Kindheit tief in sich verschlossen hatte, nicht verantwortlich, aber an dem Tag, als ich ihn verließ, platzten sie wie eine Bombe aus ihm hervor. Er hatte durch einen sehr langen, dunklen Tunnel zu gehen, um das andere Ende zu erreichen, und dabei viele innere Dämonen bekämpfen müssen. Ich weiß nicht, ob es ihm jemals erfolgreich gelungen ist; ich hoffe es für ihn. Er ist jetzt im Jenseits, und ich hoffe, daß er glücklich ist.

Die Mutter in mir ist immer dankbar, daß wir diese vier wunderbaren Kinder zusammen zustande brachten. Am Anfang hatte es Liebe gegeben, Liebe und Leidenschaft, aber Liebe und Leidenschaft allein genügen nicht. Es gab keine Kommunikation, keine Freundschaft zwischen uns, also konnte es nicht gut gehen, aber ich bin dankbar und froh, ihn getroffen zu haben, denn wir hatten auch Spaß und Freude miteinander. Wir hatten ebenso die Kehrseite der Medaille, die Sorgen, den Schmerz. Also, wo immer du im Jenseits sein magst, Ian, ich hoffe, daß Du Dich Deinen Dämonen und Emotionen gestellt hast und mit ihnen ins Reine gekommen bist. Ich wünsche Dir alles Gute, Glück, Freude, Liebe und Licht, und danke Dir.

VATERS RÜCKKEHR

Das liebste und glücklichste Paar wird jeden Tag Anlaß finden, etwas zu unterlassen, etwas zu bedauern, und etwas zu vergeben.

William Cowper

Im Oktober 1956 lebte ich bei einem sehr netten Paar und ihren zwei Kindern in Brixham, Devon. Mein Ehemann war wegen der Schwierigkeiten in Ägypten in den Mittleren Osten versetzt worden, während ich – schwanger mit unserem ersten Kind – auf mich allein gestellt war. Meine Wirtin und ihr Mann behandelten mich wie eine Angehörige, daher fühlte ich mich nie fremd oder alleingelassen. An einem besonderen Abend begann ich von meinem Vater zu erzählen, wie er uns weggenommen worden war, wir zwei Jahre nichts von seinem Schicksal wußten, und erst später erfuhren, daß er zu zwanzig Jahren Straflager verurteilt worden war. Ich erzählte davon, wie traurig es war, daß er uns jetzt, als der Krieg vorbei war und wir unser Leben wieder beginnen konnten, wieder genommen wurde. Ich sprach eine ganze Weile von meinem Vater, und sie lauschten verständnisvoll und sagten bloß, wie schwierig es für uns gewesen sein mußte. Ich sagte, «Ja, es war schwer, aber es ist schon seltsam, daß ich gerade jetzt von ihm berichte.» Sie wußten von ihm aus meinen gelegentlichen Erwähnungen, aber nie zuvor hatte ich so lange von ihm erzählt.

Ich ging zu Bett, schlief ein, und hatte einen sehr sonderbaren Traum. In diesem Traum sah ich meinen Vater, unrasiert, mit einem Rucksack auf dem Rücken, wie er vom örtlichen Pastor begrüßt wurde und in das Pfarrhaus ging, in dem meine Mutter und Schwester noch lebten. Ich wachte morgens auf und fühlte mich sonderbar. Ich hörte es unten klingeln und die Wirtin heraufeilen und an meine Tür klopfen. «Ein Telegramm für dich, Doris» sagte sie.

Ich öffnete das Telegramm und las die Worte, die sich tief in mein Herz brannten: «Vater ist letzte Nacht aus Ostdeutschland zurückgekehrt. Vater ist sicher wieder daheim.»
Die Augen voller Tränen berichtete ich der Wirtin die Neuigkeiten und sie sagte, wie erstaunlich es sei, daß ich gerade am Abend zuvor von erzählt hatte. «Ja, und was noch erstaunlicher ist, ist die Tatsache, daß ich letzte Nacht von ihm geträumt habe und dir sagen kann, was er angehabt hat», sagte ich.
«Du mußt bei ihm gewesen sein» erklärte sie. «Wir standen uns immer sehr nahe,» erwiderte ich. «So muß es gewesen sein.»

Nun, ich wußte, daß ich nicht sofort losfahren konnte, erstens war ich schwanger, und zweitens hatte ich keine ausreichenden Mittel, um eine Schiffspassage zu buchen. Damals konnte man nicht so einfach fliegen wie heute, also schrieb ich meinem Mann nach Nordafrika, ob er mir Geld schicken könnte, damit ich nach Deutschland fahren und meinen zurückgekehrten Vater besuchen könnte. Ich wäre so froh, ihn zu sehen, da ich ihn seit meinem elften Lebensjahr nicht mehr gesehen hatte, nun verheiratet war und ein Kind erwartete.
Ausnahmsweise antwortete Ian mir rasch und sandte mir eine telegrafische Anweisung, damit ich nach Deutschland fahren konnte. Es dauerte eine Weile, die Zugfahrt und Schiffspassage zu buchen, und noch andere Dinge zu regeln, da meines Vaters Rückkehr neben der großen Freude auch eine Menge Aufregung verursacht hatte.
Meine Mutter hatte in den vergangenen zehn Jahren ein neues Leben aufgebaut, einen neuen Partner gefunden, der ihr zur Seite stand, was für meinen Vater natürlich ein Schock war, wenn er auch versuchte, es zu verstehen. Er war zu seinem Bruder gezogen, der im Norden in Flensburg, nahe der dänischen Grenze lebte. Also fuhr ich dorthin, zu meinem Onkel, meiner Tante und meinem Vater, den ich zuletzt im Alter von elf Jahren gesehen hatte.

Es war keine leichte Überfahrt; es war Ende November, und ich hatte Angst, ob wir uns überhaupt wiedererkennen würden – aber ich hätte mir keine Sorgen zu machen brauchen. Sobald der Zug am Bahnhof hielt, hätte ich ihn überall wiedererkannt. Sicher, er war älter, aber ich fand, er sah recht gut aus, und er erkannte mich auch sofort. Da war ich, sein kleines Mädchen, seine Prinzessin, wie er mich immer genannt hatte, jetzt verheiratet und in freudiger Erwartung. Was für eine Veränderung, was für eine Verwandlung! Ich war so glücklich. Mein geliebter Vater war zurück. Nun, wir hatten eine Menge aufzuholen, und es war sicher seltsam für ihn, eine Tochter zu erleben, die früher immer an seiner Hand gehangen hatte, und die nun auf saure Gurken erpicht war. «Bitte, ich brauche saure Gurken, ich brauche dringend saure Gurken.» Also ging ich mit ihm durch Schnee und Eis auf Flensburgs Straßen und aß saure Gurken. Ich mußte immer meinem Appetit nachgeben, dem Heißhunger auf alles Scharfe und Saure.

So mußten wir beide uns umgewöhnen und anpassen. Mein Vater redete nicht viel und sprach kaum von seiner Zeit im Lager, doch bemerkte ich keine Bitterkeit in ihm. Gut, er war noch ziemlich ruhelos, schließlich hatte er uns auch furchtbar vermißt und hatte Schwierigkeiten, sich an die neuen Umstände zu gewöhnen, doch ich erinnere mich nicht, daß er etwas über das Lager erzählt hatte, daher erfuhr ich über seine Erlebnisse dort nichts.

Jemand anderes, der im gleichen Lager wie mein Vater gewesen war, hat ein Buch darüber geschrieben. Ich las nur ein paar Seiten und habe bis heute nicht den Mut gefunden, es zuende zu lesen. Vielleicht ist es besser, nicht zuviel darüber zu erfahren, vielleicht gibt es Dinge, die man nicht zu genau erforschen sollte. Möglicherweise lese ich das Buch eines Tages, aber momentan bin ich zufrieden, die Dinge so zu belassen. Damals, im Winter 1956, war es genug, meinen Vater lächeln zu sehen und mit ihm durch Flensburgs Straßen zu spazieren. Mein Mann war in

Nordafrika, und ich war nicht einmal sicher, ob ich zur Geburt unseres ersten Kindes würde bei ihm sein können, aber das war nicht wichtig. Papi war zurück und ich war bei ihm.
Alles schien in Ordnung zu sein. Oberflächlich gesehen war auch alles in Ordnung. Ich wußte, daß wir uns alle anpassen mußten. Wir hatten uns alle verändert, waren gewachsen, und es gab Lücken in meines Vaters Leben, von denen wir nie erfuhren. Ich erzählte ihm von meinem Traum und beschrieb, wie er ausgesehen hatte, und er bestätigte, daß er genau so gekleidet gewesen war, auch der Pastor hatte ihn tatsächlich begrüßt. Da erkannte ich, wie nahe ich ihm stand – und heute noch stehe. Er ist jetzt im Jenseits, und wir sind uns so nahe wie eh und je. Ich glaube, das wird auch immer so sein, da er soviel Teil von mir ist, wie ich von ihm bin. Ich denke, es war Papis bedingungslose Art zu lieben, die er mich damals, und auch heute noch lehrte.
Danke, Papi, daß du mir gezeigt hast, wie man liebt.

Wenn man zurückblickt, erkennt man, daß die meisten Menschen, denen wir begegnen, besonders diejenigen, die uns nahe stehen, helfen, unseren Charakter zu formen. Mein Vater war einer dieser Menschen, nicht nur wegen seines Vorbildes an bedingungsloser Liebe – er verschloß nie die Augen vor meinen Fehlern oder denen meiner Mutter oder anderer Familienmitglieder – sondern der enormen Fülle an Liebe wegen, die er besaß. Ich war immer erstaunt, wie komplett – mit seinem ganzen Wesen – er den gesamten Menschen mit Körper, Geist und Seele liebte.

Papi und ich fuhren zu meiner Mutter, die aufgrund seiner Rückkehr als Kriegsgefangener und zu meiner größten Freude eine Wohnung in Wolfenbüttel fand, nur etwa 35 Kilometer von unserer früheren Wohnung entfernt. Meine Mutter liebte einen aufwendigeren Lebensstil und haßte das Leben auf dem Dorf; sie war in einer Stadt geboren und

aufgewachsen, und konnte es nicht erwarten, wieder in eine Stadt zu ziehen. Sie genoß das hektische Treiben, liebte es, sich herauszuputzen, in einem Cafe zu sitzen, Kaffee zu trinken, die Leute auf der Straße zu beobachten, und ihre schicke Kleidung zu bewundern.
Wir verließen meine Tante und meinen Onkel, und fuhren heim zu Mutter. Die Beziehung zwischen meinen Eltern war angespannt; angesichts der vielen vergangenen Jahre, in denen sie sich weiter entwickelt hatten, war eine Kluft zwischen ihnen entstanden. Ich bemerkte es, doch es gelang ihnen, zivil miteinander umzugehen, und irgendwie kamen wir doch harmonisch miteinander aus.

Durch Telegramme und Briefe blieb ich mit Ian in Kontakt. Er war jetzt in Tripolis, Libyen; ich versuchte verzweifelt, zu Weihnachten zu ihm zu kommen, damit ich zur Geburt unseres Kindes im März bei ihm sein konnte. Doch wegen der Unruhen in Ägypten im Sommer 1956 gab es immer noch Einschränkungen für Ehefrauen von Armeeangehörigen, die zu ihren Männern wollten. Irgendwie war es Ian gelungen, dort ein Haus zu mieten, und mein Vater versprach mir, den Flug nach Tripolis zu finanzieren. Es war zum Teil Weihnachts-, zum Teil Heimkehrsgeschenk, also trafen wir alle Vorbereitungen für meinen Flug. Meine Eltern hätten es lieber gesehen, wenn ich in Deutschland geblieben wäre, da ich mich ja in unbekanntes Gebiet aufmachte. Sie hatten von den Unruhen gehört und waren besorgt, aber sie verstanden auch, daß ich bei meinem Ehemann sein wollte. Ich war hin- und hergerissen, meine Eltern ebenfalls, aber schließlich gewann der Wunsch, bei Ian zu sein. Ich kaufte das Ticket, mein Vater brachte mich zum Flughafen in Hamburg; wir sprachen über vieles, und er gab mir einige gute Ratschläge. Er sagte «Du bist eine Ausländerin, die mit einem Engländer verheiratet ist.
Denke daran, dich an die örtliche Kultur anzupassen. Versuche nicht, den Menschen dort deine Kultur aufzuzwingen. Du bist ein Gast in ihrem Land, sei ein höflicher Gast, versuche nicht zu sagen, daß dieses

und jenes in Deutschland besser wäre, akzeptiere die Regeln, die dort herrschen, mache sie dir zu eigen, andernfalls wäre es besser, wenn du nicht fahren würdest.»

Ich sah ihn an und dachte, was für sonderbare Ratschläge er mir gab, aber sehr viel später erkannte ich die Weisheit darin. So oft wollte ich prahlen ‹In Deutschland machen wir das aber viel besser, unsere Häuser sind viel besser› und so weiter, aber der Gedanke an die Worte meines Vaters ließ mich schweigen. Er hatte Recht. Es war besser für mich, die neue Kultur anzuerkennen und zu übernehmen.

Nur zögernd bestieg ich das Flugzeug zu meinem allerersten Flug, von Hamburg nach Amsterdam, von Amsterdam nach Nizza, dann weiter nach Tripolis. Eigentlich sollten wir gar nicht in Nizza, sondern in Genf landen. Wir landeten in Genf, tankten auf, und nachdem wir einige Minuten in der Luft waren, roch ich Rauch. Ich sah aus dem Flugzeugfenster und sah Qualm aus einer der Turbinen kommen.

Ich dachte «Oh, mein Gott, erst dieses ganze Chaos und die Aufregung, und jetzt werde ich niemals dort ankommen, mein Baby wird niemals auf die Welt kommen.»
Ich geriet in Panik. Da ich die einzige Schwangere an Bord war, versuchten die Stewardessen, mich zu beruhigen, und gaben mir Sauerstoff. Die beruhigende Stimme des Piloten teilte uns über die Lautsprecher mit, daß wir eine Notlandung in Nizza einlegen müßten, aber sonst alles in Ordnung wäre. Die Leute an Bord waren sehr nett; die meisten waren Belgier, auf dem Weg nach Belgisch-Kongo. Sie waren ein lustiges Trüppchen, und wie immer gab es einen Witzbold unter ihnen. Dieser Witzbold saß neben mir und erzählte mir einen Witz nach dem anderen, so daß die Landung nicht ganz so traumatisierend für mich war.

Uns wurde mitgeteilt, daß wir die Nacht in Nizza verbringen müßten. Es war Heiligabend, ich sollte eigentlich in Tripolis sein. Also gestattete man uns, Telegramme wegen unserer Verspätung zu senden. Wir übernachteten im Grand Hotel, hatten ein besonderes Abendessen, und am nächsten Morgen erfuhren wir, unsere Reise könne weitergehen. An Bord angekommen, machten wir uns auf den Weg nach Tripolis, diesmal ohne besondere Geschehnisse, und lachten viel und hatten Spaß, so daß die Zeit schnell verging.
Bis das Flugzeug landete, wußten alle, daß ich mein erstes Kind erwartete, zu meinem Ehemann flog, und ihn vier Monate nicht gesehen hatte. Sie hielten alle nach uns Ausschau und wollten einen Blick auf unser Wiedersehen erhaschen.

Es war schön, wieder bei Ian zu sein.
Ich war so erleichtert, daß ich in dem Moment, als ich den fremden Boden betrat, alle Probleme des Fluges vergaß. Ich war froh und glücklich, bei meinem Mann zu sein, und mit ihm zusammen die Geburt unseres Kindes zu erleben.

Nach der Kälte in Europa fand ich es dort sehr warm. Ich trug einen dicken, viel zu schweren Wintermantel, aber ich war so gespannt, unser neues Heim zu sehen. Während wir im Wagen saßen, gab mir Ian viele Regeln auf den Weg. «Du darfst nicht alleine ausgehen, und als erstes besorgen wir dir ein Messer.» «Mein Gott, wozu ein Messer,» dachte ich. Er fuhr fort «Gib den Bettlern auf gar keinen Fall Almosen, so sehr du auch möchtest, tue dies nicht, tue das nicht.» Ich war schockiert. Worauf hatte ich mich da eingelassen? War das eine Kriegszone?

Ian erwähnte auch, daß sie keine Uniformen tragen durften, um mit deren Anblick keine Einheimischen wütend zu machen. «Oh, je», dachte ich, «noch mehr Regeln. Was wird wohl als Nächstes passieren?»

Und trotzdem freute ich mich schon auf die erste Nacht in unserem eigenen Heim.

Ich war todmüde, als wir ankamen, und da wir keinen richtigen Herd besaßen, bestand unser Weihnachtsessen aus Rühreiern mit Toast – Ian hatte zumindest Eier, Brot und Butter bekommen. Außerdem hatten wir keine richtige Matratze, also streckten wir uns nach dem Essen auf Ians Armeejacke auf dem Bettgestell aus und lachten bloß. Das war alles Teil des großen Abenteuers Leben.

Es war ein sehr sonderbares Haus, für mich jedenfalls. Es hatte einen unüberdachten Hof, so daß man beim Weg vom Wohnzimmer in die Küche den freien Himmel sehen konnte. «Ich werde mich daran gewöhnen», dachte ich, «hier regnet es wohl nicht viel, sonst muß ich mir einen Regenschirm mitnehmen.» Aber da wir jung und voller Abenteuerlust waren, machte ich mir nicht zuviel Sorgen. Trotz der fehlenden Matratze schliefen wir rasch ein, aber am nächsten Morgen fiel mir ein, daß ich auf dem Weg ins Badezimmer den offenen Hof würde überqueren müssen. Ich latschte hinüber und hatte das Gefühl, beobachtet zu werden, was ich aber als Einbildung abtat, denn wer hätte mich hier schon sehen können. Als ich wieder herauskam, sah ich zufällig auf, und schrie – dunkle Gesichter beobachteten mich, zeigten auf mich, und lachten und brabbelten in einer Sprache drauflos, die ich nicht verstand ... die Kinder des Ortes waren aufs Dach geklettert, um sich ihre neuen Nachbarn anzusehen!

Nun, diese neue Nachbarin war nicht sehr angetan – und schrie und schrie ... Ian kam herbeigelaufen, und von den Kindern hielten sich nur noch einige Wenige auf dem Dach auf. Er sah ein, daß wir etwas tun mußten. Wir besorgten uns eine Matratze aus dem Hospital, wo man uns auch Decken und Laken lieh, und Ian erklärte, wir könnten uns mit

Weiterem eindecken, sobald wir in die Stadt kämen. Wir hatten nur sehr wenig Mobiliar, ein paar Stühle und Pfannen, aber irgendwann würden wir alles Nötige haben.
Wir mußten nur Geduld haben, was unglücklicherweise nicht zu meinen Stärken gehörte.

Da waren wir also, in Nordafrika, Meilen von der Heimat entfernt, und verfügten nicht einmal über fließend heißes Wasser. Jedes Mal, wenn wir welches brauchten, mußten wir einen Eimer Wasser auf dem Paraffin-Kocher erhitzen. Aber irgendwie schafften wir es und hielten durch.
Wir waren jung und glaubten, die Welt erobern zu können. Das Problem des offenen Hofs war auch bald von den Sanitär-Fachkräften des Hospitals gelöst worden, indem sie ein sehr feinmaschiges Netz darüber spannten, das nicht nur vor Moskitos, sondern auch vor lästigen Blicken schützte, so daß ich unbeobachtet über den Hof spazieren konnte.
Also brauchten wir dann nur noch all die Dinge, die man für die Geburt eines Kindes benötigt.
Es war alles so primitiv, wir mußten mit so wenig auskommen – ohne Waschmaschine, ohne Staubsauger, kein fließend heißes Wasser. Und doch waren wir glücklich, und überbrückten die Mängel mit unserem Lachen und Frohsinn. Wir hatten auch nicht viel Geld, und doch zauberte ich hunderte Gerichte aus Eiern und Hackfleisch. Zudem gab es viel frisches Obst und Gemüse für wenig Geld, also lebten wir recht gut. Und obwohl wir diesen üblichen Komfort nicht hatten, Dinge, die man andernorts für selbstverständlich hält, begannen wir unser Eheleben sehr froh und heiter. Ich erinnere mich oft an diese Zeit, als wir – abgesehen von uns selbst – nicht viel hatten: wir hatten viel Spaß, viel Liebe, und es wäre mir im Traum nicht eingefallen, mich über das Fehlen eines Staubsaugers zu beklagen. Es machte mir nichts aus, auf Händen und Knien den kleinen Teppich abzubürsten, oder beinahe jeden Tag den Boden zu wischen. Es war Teil meines Lebens, und Besitz

allein macht uns nicht immer glücklich. Was ich damals in jungen Jahren lernte, war, daß Liebe diese Kameradschaft, Lebensfreude und Lachen ausmacht. Wir hatten all das und glaubten unser Glück vollkommen, als am l. März 1957 unser Sohn Ian André geboren wurde.

Während wir dort in Tripolis lebten, nutzten wir jede Gelegenheit, in die Wüste zu gehen. Nicht zu weit hinein, aber doch weit genug vom Rest der Zivilisation entfernt. Das eine oder andere Mal, als wir unseren Vermieter besuchten, mußten wir einen Teil des Weges durch die Wüste gehen, die mich stark anzog. Wo andere Leere erblickten, sah ich nur endlose Weite, und fühlte mich dort geborgen. Es gab einen besonderen Duft der Wüste. Ich genoß es, den Sand durch meine Finger rieseln zu lassen; ich liebte den Himmel über der Wüste, besonders den Nachthimmel, der klar und deutlich war, und ich fühlte eine starke, völlig angstfreie Verbindung.
Während andere besorgt waren, möglicherweise in den Sanddünen festzustecken, war ich das überhaupt nicht. Ich atmete die Wüstenluft immer sehr tief ein und fühlte mich in meine Heimat zurückversetzt, während andere mich für verrückt hielten. Sie warnten vor den Fliegen und anderen Insekten, besonders den beißenden Wüstenfliegen, doch ich ignorierte sie, spürte das Wesen, den Geist der Wüste, und fühlte mich geborgen.

Jahre später, als wir wieder einmal dort waren, kam es mir erneut wie eine Heimkehr vor, nur war die Verbundenheit noch stärker, so daß ich bei unserer Abreise eine große Traurigkeit verspürte. Wir fuhren am Rande der Wüste entlang, betrachteten den klaren Himmel, die leuchtenden Sterne schienen zum Greifen nahe, und ich war so traurig, als müßte ich mich von einem gutem Freund verabschieden.

Wenn ich heute an die Wüste zurückdenke, spüre ich ein warmes Gefühl der Verbindung zu einem vergangenen Leben, einer vergangenen Existenz. Was immer das auch gewesen sein mag, es kann nicht schlecht gewesen sein, denn ich liebte es dort und weiß, tief in mir drinnen, daß ich das Leben dort liebte, insbesondere die Erinnerungen, die es meiner Seele beschert.

Für mich war die Wüste ein wundervoller Ort und wird es immer bleiben.

MEINE KINDER

Mögen Eltern ihren Kinder nicht Reichtümer, sondern einen Sinn für Ehrerbietung hinterlassen

Plato

Wenn mich jemand fragen würde, was mir in meinem Leben zugleich größte Freude und größten Schmerz bescherte, würde ich meine Kinder aufzählen. Wir sind es gewöhnt, von «meinem Ehemann», «meiner Mutter» und «meiner Großmutter» zu sprechen, als machten wir so Besitzansprüche geltend. Kinder werden uns für eine gewisse Zeit geliehen, und ich habe gelernt, daß sie sich uns als Eltern auswählen, um auf die Welt zu kommen und bestimmte Lektionen zu lernen. Das ist großartig, solange du deine Wahl für ausgezeichnet hältst – eine umgängliche Mutter, einen lieben, nachgebenden Vater, wenn alles gut läuft und dir jeder Wunsch erfüllt wird. Du glaubst, du kannst dich zu deiner exzellenten Wahl beglückwünschen. Aber so ist es nicht immer, denn um diese Lektionen zu lernen, suchen wir uns manchmal Persönlichkeiten aus, mit denen wir nicht gut auskommen. Alte Verhaltensmuster aus vergangenen Leben können dabei zu Tage treten, die familiären Boden in ein Schlachtfeld verwandeln.

Als meine Kinder klein waren, betrachtete ich sie alle vier, und konnte gar nicht glauben, daß sie alle zu mir gehörten. Ich hielt sie für besonders schön und gutaussehend, wie es wohl jede Mutter von ihrem Nachwuchs glaubt.
Da war Ian, mein Erstgeborener: blond, rundlich, hübsche blaue Augen, sehr aufgekratzt, und mit einem himmlischen Lächeln gesegnet. Als ich ihn das erste Mal im Arm hielt, glaubte ich, noch nie habe jemand zuvor so ein Kind zur Welt gebracht. Für mich war er das Schönste, das ich je gesehen hatte.

Nur ein Jahr später, ich hatte mich noch nicht von meiner ersten Niederkunft erholt, bekam ich unseren zweiten Sohn. Seine Geburt war wegen seiner Größe schwierig und schmerzhaft gewesen, und beim Anblick seines kräftigen Halses hatte mich die Stärke, die dort zu liegen schien, beeindruckt. Brachte er viel Wut aus einem anderen Leben, einer anderen Existenz mit sich? Ich hielt ihn im Arm und fühlte mich, auch wegen der überstandenen Schmerzen, furchtbar schwach. Ich gab ihm den Namen Mark.

Da war ich nun, Mutter zweier Söhne namens Ian und Mark, beide in Tripolis, Nordafrika geboren, und litt unter der Hitze, die nach der Anstrengung meiner Erholung nicht gerade half.

Wir kamen ganz gut mit unseren zwei Jungs zurecht. Mein Mann Ian ging hervorragend mit Babies um. Er konnte sie genauso gut baden, ihre Windeln wechseln und sie füttern, wie ich, was mir sehr half. Außerdem war er sehr geduldig und sanft mit ihnen. Gleich von Anfang an schien Mark ein enges Band zu ihm zu knüpfen, und so kam es, daß ich mich um den kleinen Ian kümmerte und anschließend das Abendessen zubereitete, während sein Vater Mark badete und ihn fütterte. Er war ein wirkliches braves Baby. Nachdem Ian sehr mürrisch gewesen war und viel an Koliken gelitten hatte, war es eine willkommene Abwechslung, ein Baby zu haben, das selten schrie, oft zufrieden war, und kaum Koliken hatte. Ich glaube, wir hatten mehr Freude an unserem zweiten Kind, weil es so friedlich und umgänglich war.
Nach einer Weile, Mark muss etwa acht Monate alt gewesen sein, wurde Ian nach Benghazi versetzt, eine kleine Stadt in der Wüste, unweit von Tobruk, wo im zweiten Weltkrieg eine schwere Schlacht stattgefunden hatte. Das britische Militärhospital befand sich im Zentrum der Wüste und man brauchte ein Gefährt mit Vierradantrieb, um dorthin zu gelangen. Unsere Familienquartiere befanden sich in der Mitte der Stadt,

waren hell eingerichtet und leicht in Schuß zu halten. Moskitonetze und Ventilatoren machten die Hitze erträglich. Wir hatten ein wundervolles Hausmädchen namens Siome, eine stolze Tuareg-Frau von über 1,80 m Größe. Sie hielt sich sehr aufrecht und vermittelte dadurch etwas Königliches. Um Babies und den Hausputz kümmerte sie sich wundervoll, meine Wohnung war stets sauber und gepflegt, der Boden blitzblank. Sie liebte es, die Babies morgens zu duschen, und die Kinder vergötterten sie.
Ihre Zähne blitzten blendend weiß, wenn sie lächelte. Sie war eine Seele von Mensch und ich war froh, ihre Hilfe zu haben.

Eines Morgens ging ich zum arabischen Markt in der Stadtmitte, obwohl ich mich nicht gut fühlte, aber ich brauchte dringend frisches Gemüse und Obst. An einem der Stände wurde mir schwindelig und ich muß wohl in Ohnmacht gefallen sein, denn als nächstes wurde ich in meinem eigenen Bett wach. Ich kann mich heute nicht so gut daran erinnern, aber der Doktor war da gewesen, und eine Menge besorgte Menschen standen um mich herum.
Man brachte mich ins Krankenhaus und stellte fest, daß ich schwanger war. Wegen einiger Komplikationen mußte jedoch ein Abbruch durchgeführt werden. Als ich aus der Narkose erwachte, sagte man mir, es wäre ein Mädchen geworden. Ich war traurig. Obwohl es so kurz nach meinem zweiten Kind war, dachte ich, wie schön es gewesen wäre, eine kleine Tochter zu haben, aber es hatte nicht sollen sein. Mich davon zu erholen, dauerte sehr lange, viel länger, als nach der zweiten Geburt. Der Arzt rief uns beide danach zu sich. Wir kannten ihn sehr gut, denn alle Angestellten des Hospitals bildeten eine enge Familie. Er bedauerte, uns mitteilen zu müssen, daß wir keine weiteren Kinder würden haben können, da meine Eierstöcke blockiert wären und eine Behebung dessen einen sehr schwierigen Eingriff bedeuten würde. Ich sah meinen Mann an, der lächelte.

«Das ist in Ordnung, Doktor» sagte ich. «Wir haben zwei wundervolle Jungen, das ist mehr als genug, also machen sie sich um uns keine Sorgen.» Ich war erleichtert, denn obwohl Ian hervorragend mit den Kindern umging, wußte ich, daß er sich nach mehr Freiheiten sehnte, mehr Zeit mit seinen Kollegen verbringen wollte. Ich konnte spüren, daß er sich eingeengt fühlte, und er die Verantwortung, die eine Familie mit sich brachte, nicht so leicht schulterte. Wir dankten dem Arzt und versicherten ihm, mit unserer kleinen Familie vollauf zufrieden zu sein.

So setzten wir unser Leben fort; einige Monate später erfuhren wir, daß es Zeit wurde, Benghazi zu verlassen und nach England zurückzukehren, da mein Mann bald einen Posten in Deutschland bekommen würde. Ich war überglücklich bei dem Gedanken, meine Eltern wiederzusehen, nachdem sie meine Kinder noch nicht gesehen hatten. Ich sehnte mich auch nach meiner Großmutter, wollte ihr – die immer solch ein Quell von Liebe und Unterstützung gewesen war – meine Kinder zeigen. Wir arrangierten zuerst eine Schiffsreise, um unseren Kindern, die im heißen Klima geboren und aufgewachsen waren, nicht den abrupten Wechsel in ein naßkaltes, herbstliches Europa zuzumuten. Aus irgendeinem Grunde war es nicht einfach, Tickets für ein Schiff zu bekommen. Dann erhielt ich von meiner Mutter einen Brief, in dem sie mir mitteilte, daß es Großmutter sehr schlecht ging und ich mich würde beeilen müssen, wenn ich sie noch sehen wollte. Also mußten wir doch eine Reise per Flugzeug buchen.

Als wir eines Abends vom Kino nach Hause kamen, hatte ich plötzlich das Gefühl zu ersticken.
Ich wußte nicht, wie mir geschah, rief nur «geh weg!» und riß mir die Kleider vom Leib. Mein Mann war sehr besorgt, fragte mich, was mit mir los war, aber ich konnte es nicht erklären und hatte das Gefühl, als drückte mir jemand die ganze Luft aus den Lungen. Ich weinte und schrie und hörte Ian sich noch entschuldigen, ehe er mir einen Kinn-

haken verpaßte, um mich zu beruhigen. Am nächsten Morgen erwachte ich mit einem schmerzenden Kiefer. Ian entschuldigte sich tausendmal, aber er hatte nicht gewußt, was er sonst hätte tun können. Ich hatte keine Ahnung, warum das geschehen war, erinnerte mich nur an das grausige Gefühl, zu ersticken. Eine Woche später erhielt ich einen Brief mit der Mitteilung, daß meine Großmutter gestorben war. Sie war in dem Moment verschieden, als ich den Erstickungsanfall gehabt hatte.

Ihre Seele, ihr Geist hatte mich vermutlich noch einmal besucht, um sich zu verabschieden, und mir war es nicht bewußt geworden. Als ich den Brief las – und damals wußte ich noch nicht viel von diesen Dingen – erkannte ich, daß meine Großmutter zu mir gekommen war und ihren Atem aushauchte, während ich das Gefühl mit ihr teilte. Ich war sehr traurig, daß sie meine Jungs nun nicht mehr treffen würde, und ich mich nicht mehr bei ihr für die viele Liebe und Kraft bedanken konnte, die sie mir während der schweren Jahre von Vaters Abwesenheit geschenkt hatte.

Ich weinte um den Verlust des liebsten, freundlichsten Menschen in meinem Leben, und war schwer betroffen, denn für mich war sie die Verkörperung von Liebe und Trost gewesen. Ich hatte immer meinen Kopf an ihrer Brust gebettet und mich warm, sicher und beschützt gefühlt, denn dort spürte ich die Anwesenheit Gottes. Sie hatte mir von Jesus erzählt und erklärt, wie wichtig es war, selbstlos geben zu können. Sie war meine größte spirituelle Lehrerin, und wann immer ich einem bedürftigen Menschen begegne, höre ich ihre Stimme: «ignoriere ihn nicht, denn es könnte ich sein». Diese Parabel über Jesus und den Bettler hatte sie mich gelehrt. Es fällt mir sehr schwer, an einem obdachlosen Bettler vorbeizugehen, ohne etwas zu spenden – sie hat mir das beigebracht. Ich werde sie nie vergessen, sie wird immer in meinem Herzen sein.

Wir kehrten nach Deutschland zurück und hatten eine wundervolle Zeit mit meinen Eltern, die sich endlich über ihre Enkel freuen konnten. Der

Regen war eine ungewohnte, nach der ganzen Hitze aber willkommene Abwechslung, und wir freuten uns, wieder einmal die unterschiedlichen Jahreszeiten genießen zu können. Es war im Spätherbst 1959, wir ersehnten ein Quartier für Verheiratete mit Anhang, als ich mit morgendlicher Übelkeit und generellem Unwohlsein zu kämpfen hatte. Wegen der anstrengenden Reise und der Anpassung an die neuen Lebensumstände hatte ich nicht auf meine Monatsregel geachtet. Ein Blick auf den Kalender sagte mir, daß ich schon überfällig war, doch da ich ja keine Kinder mehr würde bekommen können, konnte ich ja wohl nicht mehr schwanger werden – dachte ich.

Meiner Mutter fiel auf, daß ich sehr blaß und still war, und sie fragte, ob ich schwanger sei. Ich erklärte ihr, warum das nicht sein konnte, aber sie entgegnete, daß sich Ärzte auch schon mal irren könnten... als die entsprechenden Tests zurückkamen, stand das Urteil fest: schwanger!

Am 13. Juli 1960 kam unsere Tochter Kristina (vorne K, hinten A, sie besteht darauf!) zur Welt. Wir waren überglücklich, endlich hatten wir ein süßes kleines Mädchen, noch dazu mit einem fröhlichen Naturell, und sehr problemlos im Umgang. Ich sah die Freude in Ians Gesicht, als er die Geburt seiner Tochter übermäßig feierte. Wir waren so glücklich, drei gesunde Kinder zu haben. Es war nicht immer leicht gewesen, besonders mit den vielen Umzügen, aber wir hielten uns für reich beschenkt. Und doch schien etwas zu fehlen, eine Art Verbindung, deren Fehlen eine Kluft hinterließ. Auf meine Babies aufzupassen, kostete mich eine Menge Zeit, und wenn ich sie abends zu Bett gebracht hatte, fühlte ich diese Lücke in mir, sowie eine ungewisse Angst vor der Zukunft. Da die Kommunikation mit meinem Mann nicht gerade einfach war, mußte ich jedes Wort sorgsam wählen, konnte nicht frei sprechen über meine Gedanken. Dabei war ich immer ein kommunikativer Mensch gewesen, der aussprach, was ihn bewegte, und sich nicht zurückhielt.

Auf Mark, den Mittleren, mußte ich ab jetzt besonders acht geben, denn da seinen Platz als Jüngster nun jemand anderes innehielt, reagierte er mit Eifersucht. Man sagte mir, daß sich die Mittleren oft zur Seite gedrängt fühlten, also beachtete ich es nicht allzu sehr, sondern herzte und knuddelte all meine Kinder, so oft ich konnte.
Ich hielt meine Familie für komplett: zwei Jungen und ein Mädchen, aber ich sollte mich irren. Denn zwei Jahre später, am 13. August 1962, kam Jacqueline zur Welt, vier Wochen zu früh. Als ich sie in meinen Armen hielt, schwor ich mir, daß sie die Letzte wäre. Ich erkannte damals, daß ich unter keinen Umständen mehr Kinder wollte, denn die Kluft zwischen meinem Mann Ian und mir war immer mehr gewachsen.

Manchmal fühlte ich mich so allein und einsam, und obwohl die Babies fast meinen gesamten Tag ausfüllten, hatte ich eigene Bedürfnisse und Träume, die beiseite geschoben werden mußten. Jacqueline war sehr klein und hatte soviel dunkles Haar, daß ihr eine Krankenschwester zum Scherz einen Pferdeschwanz band. Sie war ein wirklich süßes kleines Baby, und als ich sie heimbrachte, betrachtete sie ihr ältester Bruder Ian nur eine Sekunde, ehe er mit glänzenden Augen zu mir aufsah und erklärte, «Mami, sie ist mein Baby.»
Es schien Liebe auf den ersten Blick zu sein, denn von dem Moment an bestand zwischen den beiden ein festes Band, das bis heute anhält, über das sie nie reden, und das man doch sofort fühlt, wenn man ihnen begegnet.

Da war ich nun mit meinen vier hübschen, gesunden, fröhlichen Kindern. Warum war ich nicht glücklich und zufrieden? Ich müßte doch dankbar sein. Warum fühlte ich mich so einsam?

Ich fand keine Antwort, doch jedes Mal, wenn ich Jacqueline in den Armen hielt, überfiel mich eine unglaubliche Ruhelosigkeit. Als ob ich nach etwas suchte – aber ich wußte nicht, wonach.

Ich war noch jung, Mitte Zwanzig. Und obwohl ich eine eigene Familie hatte, zögerte ich nicht, dem Trend zu folgen, und mit Minirock und langen Stiefeln Twist tanzen zu gehen... dennoch fühlte ich diese innere Leere.
Bei den Streitkräften ging es zu wie in einer Familie: ständig wurde man gebraucht, aber man hatte auch jemanden, den man um Hilfe bitten konnte. Im Nachhinein betrachtet, ging es uns recht gut; wir hatten ein Haus, ein regelmäßiges Einkommen, und Streiks oder Entlassungen brauchte man nicht zu fürchten. Das geschah bei den Streitkräften nur, wenn jemand sich eines wirklich großen Vergehens schuldig machte, also waren wir wirklich so etwas wie eine Großfamilie.

Die Kinder wurden älter. Sogar mit fünf nahm Ian seine Verantwortung sehr ernst und wusch sich jedes Mal die Hände, ehe er das Baby anfaßte. Er schaukelte mit ihr und ging so sorgsam mit ihr um, daß ich mich total auf ihn verlassen konnte. Manchmal fragte ich mich, was noch aus ihm werden würde, denn er erschien mir fast zu ernst. Mark hingegen hatte sich zu einem beinahe hinterhältigen Krabbelkind entwickelt. Wir kamen selten an tiefen Fenstern vorbei, ohne daß er in sie hineintreten wollte. Das gleiche galt für Autofenster. Es schien, als dränge etwas aus ihm heraus und drohte zu explodieren. Dabei fiel mir wieder ein, wie ich bei seiner Geburt über seinen kräftigen Hals verblüfft gewesen war, und wie wütend er gleich bei seinem ersten Atemzug gewirkt hatte. Woher kam diese Wut? Aus welchem Leben brachte er diesen Zorn auf die Welt – und die Menschen darin – bloß mit sich? Wenn man ihn ansah, erblickte man nur ein hübsches Kind mit einem Gesichtsausdruck, der wegen seiner Unschuld an einen kleinen Engel erinnerte... wenn er sich nur wie einer verhalten hätte! Seinetwegen mußte ich noch Augen im Hinterkopf haben.

Jeder von ihnen entwickelte seinen eigenen Charakter; manche Züge ähnelten ihrem Vater, manche ihrer Mutter, andere waren völlig eigenständig – bis heute zeigen sie einige davon. Mark hat sich beruflich hervorgetan und ist heute ein verantwortungsbewußter Erwachsener. Kristinas Ruhelosigkeit gleicht meiner eigenen; sie sucht nach etwas, um die innere Lücke zu füllen, möchte etwas tun, das der Menschheit dient, und aufgrund ihrer Klugheit und Intelligenz gibt es für sie viele Möglichkeiten.
Jacqui ist immer noch das Küken der Familie, obwohl sie schon selbst Mutter ist. Sie ist sehr unbekümmert, aber unter dieser leichtlebigen Fassade macht sie sich doch um alles Sorgen. Manchmal fehlt es ihr an Selbstbewußtsein, glaube ich, aber ein Blick in ihre hübschen blauen Augen genügt, um zu wissen, was für eine liebevolle Seele sie ist. Sie braucht sich keine Sorgen machen. Wenn sie nur glauben wollte, was wir alle ihr erklären, nämlich, daß sie genauso gut wie alle anderen ist, nicht besser, sondern ebenso gut. Ian hat die Spitze der Karriereleiter erklommen; er ist sehr selbstsicher und selbstbewußt, hat eine hübsche Frau, ein schönes Haus, luxuriöse Autos und ein Boot, und natürlich hat er auch all die Einschränkungen, die der Erfolg mit sich bringt. Ich glaube ihm, wenn er sagt, glücklich zu sein.

Jeder von ihnen ist anders, alle kamen durch mich auf diese Welt und leben ihr Leben, genau, wie es sein sollte. Ich bin auf alle gleichermaßen stolz, denn keiner ist besser als der andere. Sie folgen alle ihrem eigenen Tempo und ihrem selbstgewählten Weg, der für sie richtig ist. Und falls es nicht der richtige Weg ist, können sie jederzeit einen anderen einschlagen. Es gibt so viele Möglichkeiten und Gelegenheiten.
Also, ihr vier, legt los. Was immer ihr tut, wo immer ihr hingeht, denkt daran, daß ich euch liebe.

PETER

Diejenigen, die sich selbst entsagen, werden eine Steigerung ihrer Stärke, ihrer Hingabe und ihres inneren Friedens erfahren

Matthew Arnold

1971 lebten wir in York in einem Familienquartier. Zwischen Ian und mir gab es viele Schwierigkeiten, es fehlte uns trotz Fortschritten immer noch an Harmonie. Dafür gab es keinen echten Schuldigen; wir besaßen einfach zwei Persönlichkeiten, die aufeinander prallten, verfügten beide nicht über die richtigen Komponenten für eine harmonische Partnerschaft.

Wieder einmal war es Zeit, meine Mutter in Deutschland zu besuchen. Diese Besuche waren für mich eine willkommene Abwechslung, konnte ich doch mit meinen Gedanken ins Reine kommen, Abstand von Ian gewinnen, und mein inneres Selbst der Kinder wegen kräftigen.
Damals fühlte ich mich besonders eingeschränkt, als säße ich für immer in einem Tunnel fest, dessen Ende ich nicht erkennen konnte. Wie üblich nahm ich den Zug nach Harwich, bestieg dort die Fähre nach Hook in Holland, wechselte dann in den Zug nach Hannover, und stieg um in Richtung Wolfenbüttel, wo meine Mutter damals lebte. Es war eine lange Fahrt, die immer ein einhalb Tage dauerte, und nach der ich völlig kaputt und müde war. Wie gewöhnlich trafen wir andere Verwandte, Tanten, Onkel, Cousins, so daß die Zeit schnell verging.
Der Tag meiner Abreise rückte näher. Meine Mutter mochte nach meiner Abfahrt nicht alleine sein, also begleitete sie mich bis Hannover, wo ihre ältere Schwester, Tante Lucy, lebte, und blieb bei ihr, bis sie sich wieder an ein Alleinsein gewöhnt hatte. Sie brachte mich zum Bahnhof. Wie ich ihr von meinem Platz aus nachsah, erkannte ich die Tränen in ihren Augen, als sie mir zum Abschied zuwinkte.

Bei Abfahrt des Zuges fielen mir zwei junge Männer auf, die ebenfalls in meinem Abteil saßen. Sie schwatzten miteinander und ließen mich bald an ihrer Unterhaltung teilhaben. Bald wurde klar, daß sie zwei frisch aus der Armee entlassenen Soldaten waren, die sich auf ihr Leben als Zivilisten freuten. Einer von ihnen, Peter, kam aus Liverpool, an den Namen des anderen freundlichen Mannes kann ich mich nicht erinnern. Peter und ich bestritten den Großteil der Konversation, die sich überwiegend um klassische Musik drehte, welche mir bis heute sehr am Herzen liegt. Wir debattierten auf nette Weise über den Komponisten eines ganz bestimmten Stückes. Peter war sicher, daß es sich um Delibes handelte; ich stimmte ihm irgendwann zu, da ich selbst unsicher war, während Peter ein größeres Wissen besaß, welches er durch die Moderation von klassischer Musik beim BFBS erworben hatte.

Wir redeten über den Bahnarbeiterstreik, der zu der Zeit gerade stattfand, und darüber, ob er die Abfahrt unserer Fähre verzögern könnte, denn das Fährwesen gehörte zur Britischen Bahngesellschaft. Wir beschlossen, optimistisch zu bleiben, fest daran zu glauben, irgendwie nach England rüberzukommen. Wir schwatzten so viel, daß die Zeit bis zur Ankunft in Hook regelrecht verflog. Dort erwartete uns zwar unsere Fähre, doch sie war sehr überfüllt, und ihre Abfahrt verzögerte sich. Eine Kabine zu bekommen, stand außer Frage, also machten wir es uns auf einem der Decks bequem und warteten auf die Abfahrt. Wir fühlten uns zueinander hingezogen. Eine sehr warme, liebevolle Zuneigung. Während wir an der Reling standen und einem passierenden Schiff zusahen, erkannte ich, daß wir gleichfalls zwei Schiffe waren, die einander in der Nacht passierten. Peter war auf dem Weg in ein neues Leben, ich war auf dem Heimweg zu meiner Familie. Wir sagten beide, wie schön es gewesen wäre, einander unter anderen Umständen zu begegnen, in denen ich nicht an eine Ehe gebunden wäre, die mir kein Glück, viel Anstrengung und wenig Hoffnung bescherte. Peter hingegen begegnete seinem neuen Leben voller Abenteuerlust, Selbstsicherheit und Zielstrebigkeit.

Wir redeten ununterbrochen, beobachteten die Wellen und genossen die – wenn auch nur kurze – Nähe. Irgendwie gelang es mir, doch endlich ein Licht am Ende des Tunnels zu sehen. Ich wußte, daß sich unsere Wege, sobald wir Viktoria Station erreichten, trennen, und wir uns niemals wiedersehen würden, aber Peter zu begegnen gab mir Hoffnung. Es verlieh mir Entschlossenheit, denn irgendwo da draußen gab es ein Licht, und irgendwann würde ich ein erfüllendes, weniger anstrengendes Leben führen können. Wir verbrachten jede letzte Minute zusammen, zufrieden, nur reden und uns aneinander festhalten zu können, denn uns war klar, daß die Kraft dieser Begegnung uns für Monate und Jahre würde ausreichen müssen. Schlaflos machten wir die Nacht durch und landeten schließlich in England, wo ein leerer Zug darauf wartete, uns zur Viktoria Station zu bringen.

Dort angekommen, verabschiedeten wir uns von Peters Freund, und verstauten unser Gepäck in Schließfächern, denn wir hatten spontan beschlossen, uns ein bißchen die Stadt anzuschauen.
Zum Frühstücken fuhren wir nach Covent Garden. Ich erwähnte, daß ich den Architekten Christopher Wren bewunderte und mir gern St. Pauls ansehen wollte. Peter war gleich dafür, und so saßen wir wenig später still in der Kirche, jeder in eigene Gedanken versunken, und genossen die schöne Umgebung. Ich konnte nicht umhin zu denken, daß ich mit einem Menschen wie ihm das Glück gefunden hätte. Wir hatten soviel gemeinsam, liebten die gleichen Dinge, teilten den Enthusiasmus für Musik, Literatur, Architektur und die Schönheit, die uns umgab. Wir sprachen darüber, waren uns aber im klaren, daß es sinnlos war. Ich hatte die Leben meiner Kinder im Auge und wußte, eine Trennung von Ian würde sie ruinieren.

Irgendwann konnten wir unsere Weiterfahrt nicht länger hinauszögern und fuhren zur Viktoria Station zurück. Wir holten unser Gepäck und

verabschiedeten uns voneinander. Peter fuhr nach Liverpool, ich nach Kings Cross, wo ich den Zug nach York nehmen würde.
Ja, ich war traurig, und ersehnte die Möglichkeit einer harmonischen Partnerschaft. Aber irgendwie hatte mich die Begegnung mit Peter wieder aufgerichtet, mir Wärme und Sicherheit vermittelt. Der Gedanke, immer noch liebenswert und begehrenswert zu sein, verlieh mir Selbstsicherheit; Optimismus und Hoffnung erfüllten mich wieder.

Bevor ich den Zug nach York bestieg, hatte ich noch Ian angerufen, um ihm meine Ankunftszeit durchzugeben. Als ich ankam und in die Gesichter meiner Kinder blickte, war ich froh, bei ihnen zu sein, ich hätte ein Leben ohne sie nicht ertragen. Ich betrachtete Ian; er hatte so ein nettes, angenehmes Äußeres, warum konnte ich nur nicht zu ihm durchdringen? Weshalb schloß er mich aus? Doch sonderbarerweise machte mir das nichts mehr aus. Ich wußte, daß ich irgendwie, irgendwann aus dem engen Tunnel herausfände, denn ich hatte das Licht gesehen: ein lichterfülltes Leben wartete auf mich, also durfte ich nicht aufgeben und mußte weitermachen. Dieses Licht hatte mir Hoffnung spenden sollen, obwohl wir manchen Menschen nur kurz begegnen und nur wenige Momente mit ihnen teilen. Manchmal ist das auch genug, um uns zu zeigen, daß wir nicht alleine durchs Dunkel stolpern.

Ich erkannte damals, daß mir jedes Mal ein Licht den rechten Weg zeigen würde, wenn ich es brauchte, und ich nicht im Dunkeln verloren war.
Ich mußte nur meine Hand ausstrecken, und Gott würde mir ein Licht senden, wie er es damals getan hatte.

Ich straffte meine Schultern, umarmte meine Kinder, und wir kehrten in unser Heim zurück. Ich war entschlossen, mich auf den Weg zum Licht zu machen.

AUSSERKÖRPERLICHE ERFAHRUNG

Und ich sah ein Meer von Dunkelheit und Tod; aber ein unendliches Meer von Licht und Liebe floß über das Meer der Dunkelheit; und darin sah ich die Unendliche Liebe Gottes

George Fox

Wo begannen diese Fragen, die endlose Suche, die Frustrationen, die Freuden, Momente großer Erbauung, das Gefühl des Einssein mit dem Universum, neben den Momenten der Isolation, des Gefühls des Nichtverstandenwerden – wo begann dies alles? Begann es mit der Empfängnis? War es, wie die lange Suche oft erwies, ein festgelegter Plan, eine Reiseroute, der man folgen mußte, um sein Schicksal zu erfahren? Ein Krieg, die Bomben, die Einsamkeit in den verschiedenen Ländern, die Beziehungen zu geliebten Menschen – gehörte dies alles zu dem Plan? Diese Frage ist sehr schwer zu beantworten, selbst nach so vielen Jahren der Suche nach einem Teil der Wahrheit, die einem den Sinn der eigenen Existenz erklären könnte.

Nach dem, wie Fernsehprogramme einem wissenschaftlich die Schöpfung des Universums, der vielen Galaxien und das Entstehen des Lebens erklären: wie unbedeutend fühlt man sich da angesichts der Monumente der Natur? Majestätische Gebirge, wunderschöne Kathedralen, das Licht eines Sommertages auf unserer schönen Insel. War es Teil dieses Plans für mich, nach England zu kommen? Ein Land voller unterschiedlicher Nationalitäten, einerseits tolerant gegenüber anderen Kulturen und Glaubensrichtungen, andererseits so der eigenen Vergangenheit und Tradition verhaftet. Diese Mischung aus Widersprüchen macht Englands Charme, seine Anziehungskraft aus. Die Freiheit der Rede, Gedanken und Handlungen machen es so anziehend und bequem, trotz aller negativen Taten und Gedanken der damaligen Zeit.

Es fing viel früher an. Ich weiß noch, wann die Suche begann; es war ein sonderbares Gefühl. Zum ersten Mal wurden mir wirklich die Dinge bewußt, die schon immer da gewesen waren.

Ich war in einem Krankenhaus, ungefähr 30 Jahre alt, schwebte über meinem Bett, und sah hinunter – zumindest schien es so, als ob ich hinuntersah. Um das Bett war ein Vorhang gezogen. Es waren noch andere Menschen in der Abteilung, und wie ich mich so umsah, erblickte ich zu meiner Linken eine Frau in einem Bett. Sie war eine stille, charmante, sehr bescheidene Frau, die wegen einer recht einfachen Operation hier war. Sie sah sehr zerbrechlich aus, obwohl sie Mutter von zehn Kindern war. Ihr Mann versuchte zu erklären, weshalb er sie nicht besuchen kommen konnte. Ich weiß noch, wie sicher ich war, daß er log. Für mich war es so klar und deutlich, daß er nicht die Wahrheit sagte und hätte kommen können, wenn er nur gewollt hätte. Ich war so traurig und einsam. Wie ich mich in der Abteilung weiter umsah, entdeckte ich eine andere Frau, die in unserem Grüppchen immer die Spaßmacherin gewesen war. Sie lachte immer und hatte eine witzige Bemerkung für alles, was man sagte, parat. Aber jetzt sah ich sie, wie sie wirklich war: traurig. Ich hatte Mitleid mit ihr. Es schien, als hätte ich einen Spiegel, durch den ich die wahrhafte Natur entdecken konnte. Gegenüber meines Bettes in der Ecke lag eine irische Dame, die immer so fröhlich, so positiv, so verliebt in ihren Mann war. In allem, was sie sagte, war Güte. Sie hielt Händchen mit ihrem Mann, ein Strahlen umgab sie beide. Ich wußte, daß sie sich die Wahrheit sagten, denn Liebe und Schönheit erstrahlten um sie herum.

Ich hörte ein Stöhnen und merkte, es kam aus meiner Ecke, von meinem Bett direkt unter mir. Ich fühlte Liebe, war glücklich – nicht zu glücklich, aber ich hatte keine Schmerzen, weshalb mich die leidvollen Laute verwirrten. Ich spürte, wie mich etwas hinunterzog und erkannte, daß das Stöhnen von mir kam, denn je weiter ich hinuntergezogen wurde, desto mehr furchtbare Schmerzen spürte ich. Ich weiß noch, wie eine Krankenschwester mit einer Injektion auf mich zukam, dann fühlte ich wieder Leichtigkeit, schien wieder über mir zu schweben. Welches Ich war denn nun real? Es konnte nicht der Körper unter mir sein, der so reglos da lag, während ich mich derart beschwingt, lebendig und wohl fühlte. Offensichtlich war das echte Ich, dieses beschwingte Wesen, nicht die reglose Gestalt auf dem Bett. Ich weiß nicht, wieviel Zeit verstrich, aber als ich wieder hinabsah, entdeckte ich mehrere Menschen und Krankenschwestern an meinem Bett.

Eine ältere Krankenschwester überraschte mich besonders: sie trug eine andere Uniform als die anderen, und schien aus einer anderen Epoche zu kommen.

Die Schwestern machten eine Menge Wirbel um die Gestalt im Bett, versuchten, sie zum Wasserlassen zu ermutigen, aber all das interessierte mich nicht. Ich fühlte mich sehr wohl und wollte das auskosten. Ich empfand keine Schmerzen, keine Schwere, nur diese Leichtigkeit und Vitalität. Also widerstand ich jedem Versuch, mich herunterziehen zu wollen, denn das hätte Schmerzen bedeutet, und wer wollte die schon gegen die wundervolle Leichtigkeit eintauschen? Ich hörte die Schwestern sagen, «Ihr müßt die Nieren zum arbeiten bringen, das ist lebensnotwendig.» Sie standen um mein Bett herum, aber was sie auch taten, wie angestrengt sie es auch versuchten, es erschien unmöglich. Ich hörte eine andere Schwester – die Ältere, deren Anwesenheit mich überraschte – bemerken, «Sie wird ab jetzt immer Probleme damit haben.» Heute, nach vielen Jahren, erinnere ich mich noch daran, denn ich hatte damals, wie heute, große Probleme mit meinen Nieren.

Aber zurück zu dem Ereignis, das alles in Rollen brachte. Das Ziehen von unten wurde immer stärker, mein Aufenthalt in meinem inneren Körper immer kürzer. Dann fand ich mich endlich in diesem schweren, schmerzenden Körper wieder. Ich öffnete die Augen und die Krankenschwestern lächelten mich an.

Ich sah ein, daß ich die Operation überstanden hatte und in diesem Körper verweilen mußte, ob es mir gefiel oder nicht, die Schmerzen und Krankheit erdulden mußte. Man zog die Vorhänge zurück, und die anderen Patientinnen begrüßten mich. Es schien, als hätte ich damals die materielle, oder, wie wir sie heute nennen, die physische Welt verlassen, und war in die spirituelle Welt gelangt. Für einen kurzen Moment hatte ich bewußt als Geist erlebt, wie schmerzfrei und leicht Leben sein kann. Ich hatte dieses Gefühl genossen und wußte nicht, wie ich mich wieder an die physische Welt gewöhnen sollte, besonders, als mich die Erinnerungen an alles, was vor der Operation geschehen war, wieder einholten. Dann weckte der Gedanke an meine Kinder mein Pflichtbewußtsein; ich mußte ihnen noch einige Zeit zur Seite stehen.

Die anderen Patientinnen sagten, ich wäre im Jenseits gewesen, doch das wollte ich nicht akzeptieren. Ich erklärte ihnen immer wieder, daß ich alles Geschehene mitbekommen hatte, mich auch an ihre Gespräche erinnerte, während sie alle mich für bewußtlos gehalten hatten.
Sie bestanden darauf, daß ich bewußtlos gewesen wäre, und dabei mußten wir es belassen, denn damals gab es keine wirklich bessere Erklärung. Meine Besucher waren besorgt, doch überrascht, wie gut ich wieder aussah. Meines Wissens war es keine besonders komplizierte Operation gewesen, doch erst später erfuhr ich stückchenweise, daß etwas fehlgeschlagen war.
Meine Seele hatte sich entschlossen, diese Welt zu verlassen, aber sich dann doch daran erinnert, daß es noch Dinge zu tun gab, daß es noch

ein Schicksal zu erfüllen gelte, denn jedes Leben in dieser physischen Welt hat einem Pfad zu folgen. Manchmal mag uns das nicht gefallen, manchmal mögen wir es hassen, und es wird Zeiten geben, in denen wir «Warum ich, warum passiert mir das?» ausrufen.

Wenn uns jemand erklären will, wir hätten lange vor unserer Geburt dieses Leben auserwählt, mit all seinen Lektionen und Verantwortungen, wollen wir es nicht hören, nicht durchmachen. Wir wollen nicht wissen, daß all diese Ereignisse das Resultat von Ursache und Wirkung, das Ausgleichen unserer karmischen Schulden sind, deren Begleichung unabdingbar ist – wir haben nur den Zeitpunkt dessen gewählt. Wir sind enttäuscht, wenn unsere Träume sich nicht erfüllen, bekümmert, wenn die Dinge nicht so laufen, wie wir wollen. Wir möchten dafür jemand anderen beschuldigen, und tun das oft, da wir für Katastrophen, Krankheiten oder Versagen keine Verantwortung übernehmen wollen. Es ist viel angenehmer und befriedigender, jemand anderem die Schuld an unserer Misere in die Schuhe zu schieben. Dadurch fällt uns die Last ein wenig leichter, aber wir denken dabei nicht rational. Uns wurde freier Wille gegeben, wir haben alles selbst erwählt, was uns widerfährt, also, wie können wir uns vorwärts bewegen?

Eine aufgeschlossene Person, ein Schüler der Reinkarnations-Lehre – besonders bei den östlichen Glaubenslehren, in denen Reinkarnation eine große Rolle spielt – mag diese Theorie akzeptieren und zu verstehen versuchen, aber was ist mit dem Rest der Menschheit?
Uns wird erklärt, das alles sei Aberglaube, Teufelswerk, oder gehöre dem Okkulten an. Dennoch ist soviel Unfaßbares in so kurzer Zeit geschehen, während in diesem Jahrhundert auf so vielen Gebieten der Fortschritt wächst. Wir entdecken Dinge, die immer präsent waren, doch vor so vielen Dingen, die unser Leben erträglicher machen, verschließen wir unsere Augen und lehnen sie ab.

Also warum stellen die Menschen überhaupt Fragen? Sie beginnen eine Suche, die ihnen Frieden, mehr Verständnis des diesseitigen und jenseitigen Lebens, und spirituelle Befriedigung verschafft. Das kann, wie in meinem Fall, während einer Operation geschehen, wenn unsere Seele unseren Körper verläßt und wir das bewußt erleben, so daß wir eine Antwort darauf brauchen, idealerweise einen Beweis. Es gibt Menschen, die das nicht glauben wollen, obwohl sie keine andere rationale Erklärung gefunden haben. Nichts in der Welt kann sie zum Glauben bringen, womit wir wieder beim freien Willen sind: ob wir glauben wollen oder nicht, entscheiden wir selbst. Ich selbst denke, wir sollten unseren gesunden Menschenverstand anwenden, sogar, was diese sogenannten unerklärten Dinge angeht. Wenn wir erst einmal damit anfangen, werden wir Erklärungen finden, und diejenigen, die zu begreifen versuchen, werden es verstehen.

Nach der Erfahrung im Krankenhaus überfiel mich wieder Ruhelosigkeit. Ich begann zu suchen, ohne zu wissen, wonach, doch ich wußte, daß ich auf eine spirituelle Suche hin zielte, nach etwas, das mir Antworten, Frieden, und einen tieferen Sinn meines Lebens geben würde. Nach dieser Erfahrung erkannte ich, daß ich nicht unsterblich war; meine Seele würde zwar ewig weiter existieren, doch nach deren Verlassen würde mein Körper sich auflösen. Ich sah ein, wie leicht es meiner Seele gefallen wäre, meinen Körper für immer zu verlassen, wenn sie es gewollt hätte, doch ich hatte vier Kinder, die von mir abhängig waren, um die ich mich kümmern, sie lieben, und auf ihr bevorstehendes Leben vorbereiten mußte - so gut ich es sowohl physisch wie spirituell vermochte.

Mit dieser Erkenntnis verspürte ich auch Angst – was, wenn meine Seele beim nächsten Mal nicht in meinen Körper zurückwollte? Was würde mit mir geschehen? Es nagte an meinem Gewissen und ich begann zu beten, «Laß' mich nicht sterben, meine Kinder brauchen mich.»

Zu der Zeit waren wir damals in einer kleinen Garnisonsstadt in Deutschland stationiert. Ich beschloß, jeden Sonntag zur Kirche zu gehen. Für die Kinder muß es eine sonderbare und langweilige Zeit gewesen sein, denn vorher hatten sie, abgesehen vom Religionsunterricht in der Schule, keinen Kontakt mit Glaubensphilosophie gehabt. Ich hatte versucht, ihnen Gott nahe zu bringen, sie das Beten für sich und andere zu lehren. Jungen Kindern das Beten für andere beizubringen, vermittelt ihnen meiner Meinung nach ein selbstloseres Denken: das Schicksal anderer vor das eigene zu stellen, für das Wohl geliebter Menschen zu beten, und für Frieden in der Welt.

Plötzlich war ich besessen davon, mehr über die mir fremde Religion meines Mannes zu erfahren. Von meinem Lutherischen Hintergrund zu seiner Englischen Kirche gab es viele Unterschiede, die mich verwunderten, und deretwegen ich beide nicht unter einen Hut bringen konnte. Ich bat den Armee-Kaplan um Religionsunterricht, um mich darin konfirmieren zu lassen, und es so hoffentlich zu begreifen. Er war jung, modern, versuchte sein Bestes, mir die unterschiedlichen Aspekte beizubringen; auch wenn ich sonst nie mit dem Verstehen von Religionen Schwierigkeiten gehabt hatte, wollte es mir mit dieser nicht gelingen. Ich war sehr frustriert, da ich immer noch nicht gefunden hatte, wonach ich suchte.

Wie so oft im Armeeleben gab es eine neue Versetzung, diesmal zurück nach England. Obwohl wir das auswärtige Leben bereits gut kannten und schon lange nicht mehr auf heimischem englischen Boden gewesen waren, waren wir sehr aufgeregt. Unsere Heimkehr wurde zwar von einem Aufruhr in Irland überschattet, aber der neue Posten lag in der Nähe von Plymouth, einem schönen Fleckchen England, das mir immer sehr gefallen hatte. Wir freuten uns darauf, dort zu leben, und im Unterbewußtsein, so erkenne ich es heute, war mir schon klar, welche neue Reise wir antraten.

Ja, ich fand, wonach ich suchte, mußte dafür jedoch einen Preis bezahlen. Es schien, als hätte man die Büchse der Pandora geöffnet; ich fand nicht nur Schönheit und Begreifen, sondern viele andere Dinge, und es dauerte eine Weile, ehe ich mit dem, was darauf folgte, zurecht kam. Es gab Zeiten, in denen mich große Reue überkam, denn durch das Öffnen dieser Büchse und dem Suchen in dem Brunnen des Wissens, fand ich vieles, das besser im Verborgenen geblieben wäre. Doch mit dem Verständnis, das mich die Ereignisse der folgenden Jahre lehrten, erkannte ich, daß das alles zum Leben dazugehörte. Wo immer wir auch suchen, es wird immer eine Büchse der Pandora geben, die ihren Inhalt im richtigen Zeitpunkt preisgibt. Wir müssen unseren gesunden Menschenverstand anwenden und dürfen die Perspektive nicht aus den Augen verlieren. Dank all der Erfahrungen auf unserer Suche werden wir die Meinungen Anderer richtiger einzuschätzen wissen.

Eine Meinung ist nur ein Konstrukt, eine Erfahrung ist real.

Die Realität ist manchmal sonderbar und schwer zu akzeptieren. Es hängt voll und ganz von unserer geistigen Reife ab, wie bereit wir für die Realitäten des Lebens sind, wie wir sie akzeptieren, und daraufhin unsere Entscheidungen fundieren können.

BEGINN DER ENTWICKLUNG – UND DIE SUCHE NACH EINEM LEHRER

Benutze deine Gaben sinnvoll und sie werden verstärkt; praktiziere, was du weißt, und du wirst größere Weisheit erlangen

Matthew Arnold

Nach der außerkörperlichen Erfahrung, die ich nach meiner Operation erlebt hatte, begann ich mich sehr ruhelos zu fühlen, wollte die tiefere Religion erforschen. Ich wußte gar nicht, was ich eigentlich wollte, ich war nur sicher, daß etwas in meinem Leben fehlte, konnte aber nicht genau sagen, was.

Meine Gespräche mit dem Kaplan der Englischen Kirche brachten mir nicht die spirituelle Erfüllung, nach der ich suchte. Als wir wieder nach England versetzt wurden, empfand ich große Freude und Aufregung, denn ich spürte, damit würde ein neues Kapitel meines Lebens beginnen. Wir hatten so viele Jahre im Ausland gelebt, daß ich mich freute, wieder nach England zu kommen. Es erschien mir eine sehr gute Sache zu sein und die Kinder würden auch wieder etwas seßhafter werden.

Wir wurden also nach Plymouth versetzt. Neue Freundschaften zu schließen, fiel uns nicht schwer, auch hier war es nicht anders: wir trafen ein anderes Ehepaar, das uns in ein Gebiet einführte, an das wir noch nie gedacht hatten: Spiritualismus und Hellseherei …

Eines Tages beschlossen wir vier, in eine spiritistische Kirche in Plymouth zu gehen. Ich war sehr besorgt, nervös und ängstlich, wußte nicht, was ich erwarten sollte, und dachte (wie wohl viele Menschen), daß durch das Medium all meine privaten Gedanken und Sorgen vor allen Anwesenden zur Schau gestellt würden – aber meine Sorgen waren unbegründet. Sobald wir unsere Plätze eingenommen hatten, überkam mich das sichere Gefühl, das Medium würde zu mir kommen und eine Botschaft überbringen. So geschah es auch. Die Botschaft an sich sagte mir nicht viel aus, im Gegenteil. Sie vergrößerte noch meine Angst, denn sie lautete, neben anderem, ich brauche mir keine Sorgen zu machen, da ich «auch» viele gute Seelen um mich herum hätte. Dieses «auch» erfüllte mich mit Schrecken, denn was war mit den anderen Seelen los? Es mußte welche geben, die nicht so gut waren! Rückblickend hatte ich wirklich eine sehr negative Einstellung zu dem Ganzen, aber wie es bei vielen Anfängern der Fall ist, war ich nur sehr nervös gewesen.

Wir mochten Plymouth; die Gegend, die Menschen, unser Haus. Trotzdem wußte ich, daß wir nicht lange dort bleiben würden, denn alles schien zu perfekt. Ich sollte Recht behalten. Nach sechs Monaten erhielt mein Mann eine Versetzung nach York, die mit einer Beförderung einherging, und wie allen jungen Familien mit Kindern war uns das zusätzliche Geld sehr willkommen. Obwohl wir nicht nach Norden wollten, stimmten wir zu, und kamen 1970 in York an.
Im Gegensatz zum sonnigen Devonshire war das Grau in York ein regelrechter Schock. In der Stadt war es trist und regnerisch, als wir ankamen, was uns an die Eröffnungsszene der TV-Serie Coronation Street erinnerte. Wir versuchten, uns davon nicht unterkriegen zu lassen.

Irgendwann gewöhnten wir uns an unser neues Quartier und begannen, in die spiritistische Kirche in York zu gehen. Ich wollte mehr über diesen Glauben und den Beweis eines Lebens nach dem Tod erfahren. Ich war überrascht über das Können und die Fähigkeiten der dortigen Medien, die sich regelrecht verwandelten, ehe sie auf das Podest traten.
Manche von ihnen wirkten beinahe krank, aber sobald sie auf dem Kirchenpodest standen, schienen alle Krankheiten und gesundheitlichen Probleme von ihnen abzufallen. Diese freundliche, strahlende Person

stand vor mir, einer Suchenden, die nach der Wahrheit und Beweisen suchte, und viele interessante Botschaften erhielt. Es erweckte einen Hunger in mir, denn ich erkannte, daß ich im Laufe meines Lebens ähnliche Erfahrungen gehabt hatte, hatte Kontakt zur spirituellen Welt gehabt, ohne es zu bemerken, hatte immer geahnt, daß es mehr geben mußte, die Seele sich nicht einfach in Rauch auflöste, sobald der Körper zu Asche geworden war. Die Seele war zu wichtig, um sich so aufzulösen.

Ich traf viele freundliche Menschen in dieser Kirche, doch eine Frau stach aus der Menge heraus. Ihr Name war Madge Shaw, eine attraktive Frau mit einem warmen Lächeln und innerer Ausgeglichenheit. Ich erzählte ihr, daß wir nach einem Umfeld suchten, in dem wir unsere eigenen Gaben entwickeln konnten. Sie lud uns ein, dem kirchlichen Entwicklungszirkel beizutreten, was wir nach einigem Zögern, etwas Aufregung und ein wenig Angst, taten. Es war ein echte Offenbarung, denn ich wußte damals ja noch nicht, welche Gaben in mir schlummerten, nur darauf warteten, erweckt und aktiviert zu werden.

Ich hatte aufgrund meiner wenigen hellseherischen Erfahrungen nur eine vage Ahnung, kannte aber das wahre Ausmaß nicht. Binnen dreier Monate sollten diese Gaben regelrecht explodieren. Das ist die beste Beschreibung dafür – alles geschah gleichzeitig. Es war beängstigend – und da es so rasch geschah, war niemand darauf vorbereitet, auch nicht die Lehrerin des Zirkels. Sie versuchten ihr Bestes, aber es war sehr schwierig, mit den Manifestationen dieser Gabe zu leben.

Nach einer sehr schweren Zeit erlangte ich Kontrolle darüber und erkannte wiederum, als ich mich selbst und meine Gaben im Griff hatte, wie wichtig es ist, auf so etwas vorbereitet zu sein. Einmal aktiviert, kann es in jedem ausbrechen. Dank meiner eigenen Erfahrungen spürte ich die Verletzlichkeit in anderen Menschen, und sah in manchen, die ihre

Gaben ebenso wie ich entwickeln wollten, daß sie ebenfalls zu schnell voranschritten. Ich versuchte, sie zu warnen, aber sie hörten nicht auf mich. Manchmal führte dies zu sehr traurigen Konsequenzen, was mich eine neue Lektion lehrte: Jeder hat seinen eigenen freien Willen, man kann andere warnen und beraten, aber letztlich muß man seinen eigenen Weg gehen, und selbst die Konsequenzen und Verantwortung tragen.

Also beschloß ich, nachdem ich diesen Ausbruch meiner Gaben überstanden hatte, noch einmal ganz von vorne anzufangen, diesmal langsam und ruhig. Daneben begann ich meine Ausbildung als spirituelle Heilerin, was mir ebenfalls große Freude bereitete. Für mich ist Heilen die beste Gabe von allen. Zwei große Freuden standen immer ganz oben auf meiner Liste: Das Heilen, und die spirituelle Philosophie über den Lebensweg, eine großartige Inspiration dafür, wie man sein Leben führen sollte.

Die Kinder wurden größer. Obwohl Ian und ich auf demselben Pfad begonnen hatten und er sich zu einem großartigen Heiler entwickelt hatte, zog er sich immer mehr in seine innere Welt zurück und ließ mich als Außenstehende allein. Trotz unserer gemeinsamen Interessen drifteten wir geistig auseinander. Ich versuchte ihn zu erreichen, eine Brücke zu bauen, wurde aber abgelehnt. Vielleicht gab es etwas in mir, das seinen Rückzug einleitete, oder etwas in uns beiden hielt uns davon ab, uns einander zu öffnen. In dieser Zeit der persönlichen Schwierigkeiten schritt meine spirituelle Entwicklung voran, wuchs, und schuf einen Hunger nach Wissen, der unstillbar schien.
Ich verschlang jedes Buch, das ich zu dem Thema finden konnte, besonders die Werke von Silver Birch (Silberne Birke) und White Eagle (Weißer Adler), die mir Trost spendeten und Wunden zu heilen schienen, von deren Existenz ich nicht einmal gewußt hatte. Eine ganz besondere schlimme Wunde war der Gedanke, daß mein Vater fast zehn Jahre in einem berüchtigten Straflager hatte leben müssen. Ich vermißte

ihn immer noch sehr, obwohl ich wußte, daß er nur einen Gedanken entfernt war, doch mir fehlte seine physische Anwesenheit, seine Vertrautheit, sein Lächeln. Ich schien den Leuten, die ihm soviel Leid angetan, ihn gequält und gefoltert hatten, nicht vergeben zu können. Ich erhielt Botschaften, die mir sagten, ich sollte vergeben und vergessen, doch ich wußte, daß es seine Zeit brauchen würde, daß ich dieses Gefühl heilen und reinwaschen, es loslassen und akzeptieren, diesen Haß auf diese Leute wegschicken mußte.

Meine Lehrerin, Madge Shaw, wurde mir eine gute und loyale Freundin, die mir half, meine Ehe und meine Familie zusammenzuhalten, mit der ich jederzeit reden konnte. So oft schwang ich mich auf mein Fahrrad, um zu ihr zu fahren und meine leeren Batterien wieder aufzuladen. Ihre Liebe und Unterstützung gab mir viel Kraft. Ich spürte immer noch diesen Hunger nach spiritueller Philosophie, schien nicht genug davon bekommen zu können, und erzählte eines Abends in unserem Heiler-Zirkel einer älteren Freundin davon.

Plötzlich klopfte mir jemand auf die Schulter. Ich drehte mich um und sah eine freundliche ältere Dame, die mich anlächelte und meinte, «Ich bin Florrie Mottershead. Wir haben einen Philosophie-Zirkel, und meine geistigen Führer und ich wären sehr glücklich, wenn du dich uns anschließen würdest.»
Von diesem Zirkel hatte ich schon gehört und gewußt, wie gering meine Chancen waren, ihm beitreten zu können. Ich war überglücklich, nahm dankbar an und erklärte ihr, gleich in der nächsten Woche zu kommen. Aufgeregt klopfte ich mir im Geiste auf die Schulter für meinen Erfolg, meinen Hunger ausgesprochen und so meinen Wunsch erfüllt bekommen zu haben – ich war ziemlich selbstgefällig über meine Leistung.

Als ich im Haus der Dame ankam, waren die anderen Mitglieder der Gruppe schon dort, alle waren sehr freundlich und warmherzig, so daß

ich mich gar nicht wie eine Außenseiterin, sondern sehr willkommen fühlte. In dieser Gruppe sprach man als Erstes ein Gebet, und ich sah, wie Florrie langsam in eine Trance überging. Sie selbst hatte eine sehr sanfte Stimme, daher war es eine große Überraschung, von ihr plötzlich eine männliche Stimme zur Begrüßung zu hören; danach folgte die ruhige Stimme eines der Lehrer, ein chinesischer Herr, der jeden begrüßte, und dann mich ansprach: «Willkommen, meine Kleine. Ich sehe, du hast dich schon selbst beglückwünscht, es in diese Gruppe geschafft zu haben. Erkennst du nicht, welche Mühe und Energie es gekostet hat, dich zu diesem Zeitpunkt auf diesen Stuhl in diese Gruppe zu bringen?»
Da fühlte ich mich wieder sehr klein und wollte vor Scham im Boden versinken, denn er schien meine Gedanken gelesen zu haben; ich erkannte, wie viel Inspiration und Führung wir tatsächlich von anderen erfahren, wenn wir uns eigener Ideen rühmen; wie viele liebende und leitende Wesen um uns herum sind, die uns einen zarten Schubs in die richtige Richtung geben.

Ich hatte sehr viel Glück, in dieser Gruppe zu sitzen, verbrachte eine wundervolle Zeit, lernte viel von ihnen, konnte mich zudem als Heilerin weiterentwickeln, und meinen Hunger nach der Philosophie gestillt bekommen. Es waren so wunderbare Menschen, doch warum fühlte ich mich so allein und isoliert? Wenn ich voll der Liebe, die uns in der Gruppe vermittelt wurde, nach Hause kam und darüber sprechen wollte, sah ich den distanzierten Gesichtsausdruck meines Mannes, und konnte meine Gefühle nicht mit ihm teilen, obwohl wir doch auf dem selben Pfad zu gehen schienen. Unsere Gedanken und Vorstellungen waren zu verschieden.

Fünfzehn Monate nach Beginn meiner Ausbildung schlug mir meine Lehrerin vor, sie zu einer Messe zu begleiten und mit ihr zusammen hellzusehen.

Aber so sehr ich auch ein Medium sein wollte, war ich doch voller Angst und Sorge. Was, wenn ich keine Wahrnehmungen bekomme? Was, wenn mir die Worte fehlen? All die üblichen Ängste vor dem freien Sprechen stiegen in mir auf. Ich war fast panisch, aber meine Lehrerin versprach, «Versuch dein Bestes und sie werden bei dir sein. Ich werde dir helfen, so gut ich kann.»

Vor der Messe hatte ich ein anderes Medium besucht, Kathleen Humphries, eine liebenswürdige Dame, die ich nach dem Tod meines Schwiegervaters besucht hatte, um von ihr zu erfahren, ob es ein Leben nach dem Tod gab und sie ihn kontaktieren könnte. Sobald ich in ihrem Wohnzimmer saß, sah sie mich an und lächelte. Ihre ersten Worte waren, «Ich kann eine Tafel sehen und die Jenseitigen sagen mir, daß du die ganze Welt bereisen wirst, um dein Wissen zu lehren.»

Ich war völlig überrascht. Ich? Ich wußte doch noch kaum etwas, zu der Zeit hatte ich gerade mal einige Monate mit meinen Forschungen verbracht. Ich sollte eine Lehrerin werden und die ganze Welt unterrichten? Niemals! Die Idee erschien mir so lächerlich und weit hergeholt, daß ich zu lachen anfing und mich entschuldigte. Sie entgegnete nur «Ist schon gut. Du wirst schon sehen.» Sie war sich sehr sicher und nicht verärgert über mein Lachen, sondern fuhr mit der Sitzung fort, in der sie mir wieder hervorragende Beweise für ein Leben nach dem Tod lieferte.
Ich besuchte diese Dame sehr oft, um mit ihr über meine Entwicklung zu reden. Sie war äußerst hilfreich, gab mir Ratschläge, was ich als Medium zu tun hätte. «Wenn du vorne auf der Bühne stehst, richte deinen Blick auf die hinterste Wand. Schau nicht die Menschen an, das jagt dir nur Angst ein.»
Als ich auf dem Podest stand, dachte ich an ihre Worte, aber ich konnte nicht widerstehen, doch die Versammlung anzuschauen. Ich hätte es nicht tun sollen, denn es jagte mir wirklich Angst ein. Wir überstanden

die Messe, meine Lehrerin war sehr hilfreich gewesen, doch ich war erleichtert, als es vorbei war. Gleich zu Beginn der Messe hatte ich gebetet und erhofft, daß die Höchsten und Besten der Jenseitigen zu mir Kontakt aufnehmen würden. Und wie ich so betete, hörte ich «Geister» – nur nicht das, was ich zu hören erhofft hatte!

Ich hörte Stimmen fluchen, wüste Beschimpfungen ausstoßen, die ich für eine kirchliche Versammlung eher unpassend fand. Ich hatte Angst, wollte nur meine Handtasche greifen und hinauslaufen, aber ich hatte ein Versprechen gegeben, also blieb ich stumm und betete noch eifriger. Wenn ich heute über diesen furchtbaren Moment nachdenke, kann ich wieder lächeln. Ich habe mittlerweile viele Stimmen gehört, die oft wild fluchten – was ganz natürlich ist, denn: jeder führt ein Leben nach dem Tod, nicht nur die Privilegierten, die sich einer gewählteren Sprache bedienen.

Es bedeutet nicht, daß diejenigen, die nicht fluchen, besser sind als die, die es tun; manche Leute wissen es nicht besser und haben eine eher unflätige Ausdrucksweise, obwohl sie ein Herz aus Gold und ein anständiges Leben geführt haben. Natürlich gebe ich diese Ausdrücke nicht wortwörtlich weiter, aber ich deute sie an, und so erkennt der Empfänger der Nachricht den Absender – «Oh, ja, das war der und der.» Das ist ein weiterer Beweis für die Identität der Verstorbenen, sie so natürlich und unverblümt wiederzugeben, wie sie nun einmal waren. Ich sage nicht, daß sie ihre Persönlichkeit und ihren Charakter beibehalten haben, nur weil sie jetzt ihre physischen Körper los geworden sind und in der geistigen Welt leben – es sind ihre ganz besonderen Wesenszüge, die ein Medium erkennen und weitergeben kann, damit sie von ihren Angehörigen erkannt werden. Zu Anfang dachte ich, in der Geisterwelt wäre alles gut, hell und wunderbar. Ich wußte nicht, daß man auch als Jenseitiger arbeiten, wachsen, überholte Vorstellungen ablegen, alte Wunden heilen und falsche Verhaltensmuster überwinden muß. Von dieser Erkenntnis war ich noch meilenweit entfernt.

TRÄUME VON FRED

Irgendwo in dieser unserer Welt wartet auf jede einsame Seele eine andere einsame Seele; Nach den elenden Stunden treffen und erwählen sie einander an einem gemeinsamen Ziel

Edwin Arnold

Zu der Zeit, in der meine Entwicklung Fortschritte machte, ich mich als Heilerin weiterbildete und langsam meine Vorträge formte, war mein persönliches Leben leer. Ich suchte Nähe bei meinem Ehemann, wurde jedoch zurückgestoßen. Er tat sein Bestes, aber ich glaube, er fand es zu schwierig, auf einer mentalen Ebene zu kommunizieren. Ich war traurig, fühlte die Leere, die Lücke, die Sehnsucht nach etwas, das ich nicht genau definieren konnte. Einen spirituellen Weg hatte ich gefunden, doch etwas sehr Wichtiges fehlte noch.

Damals fand in meinem Leben ein sonderbares Phänomen statt: jeden Morgen wachte ich gegen fünf oder sechs Uhr auf und sank dann in eine Art Dämmerschlaf – besser kann ich es nicht beschreiben. Ich schlief nicht und war auch nicht richtig wach, und ich begann, Menschen und Ereignisse zu sehen, wie in einem Spielfilm; manche Menschen erkannte ich, und langsam dämmerte mir, daß ich vergangene Leben sah. Eine Person erschien dabei häufiger, manchmal hieß er John, manchmal Charles, aber wie sehr ich es auch versuchte, ich konnte nur den Umriß des Mannes erkennen, niemals sein Gesicht.

Mit anzusehen, wie sich diese Ereignisse vor meinen Augen abspielten, wühlte meine Emotionen auf, denn Reinkarnation ist ein Konzept, das ich immer beiseite geschoben hatte – ich dachte, daß mein gegenwärtiges Leben schon schwierig genug war; neben meiner Ausbildung noch Familie und Ehe zu managen, erschien mir schon ausreichend. Ich war verwirrt. Ich wollte das nicht. Warum geschah es jeden Morgen? Ich sah Menschen, und jedes Mal die gleiche Person namens John oder Charles.

Eines morgens erwachte ich, fühlte jemanden neben meinem Bett stehen und hörte eine Stimme:

«Eines Tages komme ich dich holen. Im Moment kann ich es nicht, denn meine Frau liegt im Sterben, und ich habe Kinder, aber ich werde dich holen kommen.»

Er beugte sich zu mir und küßte mich. Ich riß die Augen auf, aber es war niemand da. Doch ich spürte noch den Druck seiner Lippen. Es war real, ich hatte es nicht geträumt, fühlte mich verlassen und enttäuscht.

Sobald ich die morgendlichen Aufgaben erledigt und die Kinder zur Schule gebracht hatte, fuhr ich zu meiner Freundin Madge, um ihr von meinem Erlebnis zu berichten, und sie um Rat zu fragen. Warum geschah so etwas, wieso erschienen mir meine vergangenen Leben? Sie sah mich nur an und meinte, «Das weiß ich auch nicht, aber laß es einfach geschehen, es wird einen Grund dafür geben. Kämpfe nicht dagegen an.»

«Warum steht diese Person an meinem Bett?» fragte ich. «Er sagte, er wird mich holen kommen. Bin ich ihm schon einmal begegnet?»
Ich hatte das starke Gefühl, daß er in York lebte – auf der Straße würde ich vermutlich an ihm vorbeilaufen, aber ich wußte, er war in der Nähe. Da ich diese Erlebnisse nicht stoppen konnte, machte ich so gut es ging mit meinem Alltag weiter, nahm am Zirkel teil und half der Kirche, wann immer ich konnte. Die geistigen Begleiter hatten mir durch ein anderes Medium dazu geraten, denn meine junge Familie brauchte mich noch, die Zeit für Reisen und Unterrichten war noch nicht gekommen. Ich akzeptierte es, versuchte, alles im Rollen zu halten, wie es Ian sicherlich auch tat.

Mein Mann bekam von der Armee die Gelegenheit, entweder auszuscheiden, oder in allen Ehren entlassen zu werden. Er fragte mich, was er tun sollte. Da es sein Leben, seine Karriere betraf, erklärte ich ihm, dies sei seine Entscheidung und seine Verantwortung. Er entschied sich dafür, die Armee zu verlassen; wir beschlossen, in York ein Haus zu suchen, damit auch die Kinder weiter zur gleichen Schule gehen konnten. Ian wurde ein Job angeboten und wir kauften ein Haus. Unser erstes eigenes Heim einzurichten machte viel Spaß und Vergnügen, wenn auch viel Arbeit, aber nach fünf Jahren in Armeequartieren waren wir glücklich.

In der Zwischenzeit setzten wir unsere spirituellen Interessen fort und arbeiteten als Heiler.
Zwei Männer und ich waren registrierte Heiler der Nationalen Heiler Föderation, wenn jemand aus unserer Region der Heilung bedurfte, fielen unsere Namen.
Eines Tages bekamen wir einen Anruf aus Haxley, in der Nähe von York, wo eine Frau an Krebs litt und nur noch drei Wochen zu leben hatte. Der Tumor hatte ihre Kehle befallen, so daß sie kaum noch sprechen konnte.
Wir machten einen Besuchstermin ab und als wir im Haus ankamen, warf ich einen kurzen Blick auf den sehr kontrolliert wirkenden Ehemann – doch unsere Patientin war unsere Hauptsorge. Als ich sie sah, glaubte ich sie wiederzuerkennen, wie bei einem Deja vu. Während die zwei Männer ihre Heilkräfte anwandten, blieb ich an ihrem Kopf stehen. Anschließend sah sie mich an und sagte «Ich kenne dich ...»

Ich entgegnete, daß es mir genauso ginge, und wir sprachen über Orte und Ereignisse, die wir erlebt hatten, doch es schien, als wären wir uns nie begegnet – jedenfalls nicht in diesem Leben. Wir fühlten uns zueinander hingezogen, und ich hoffte und betete, daß in diesem Fall der Krebs würde geheilt werden können. Während ich betete, spürte ich die Gegenwart eines Mannes, der sagte, «Es wird ihr wieder gut gehen» und ich akzeptierte, daß sie geheilt würde. Am nächsten Tag hörten wir, es ginge ihr besser, die Schwellung in ihrer Kehle sei abgeklungen und sie könne wieder gut sprechen. Ich sah dies als Zeichen der Hoffnung und war so glücklich, daß unsere Gebete erhört worden waren. Wir besuchten sie erneut und ich redete viel mit ihr, da sie eine sehr anregende Gesprächspartnerin war.

Sie war Musiklehrerin, die Klavier gelernt hatte, und dabei ein Wunderkind gewesen war: im Alter von dreizehn Jahren hatte sie eine Aufführung der ‹Messiah› an der Orgel begleitet, was in dem jungen Alter sehr erstaunlich war. Sie hatte viel Talent, und ihre Augen leuchteten jedes Mal, wenn sie von Musik sprach. Ich wünschte, sie würde überleben, denn sie besaß soviel Lebensfreude. Ihr Name war Olivia und wir waren einander sehr zugetan. Ihre Freude über unsere Besuche war so groß, daß es mir fast peinlich wurde, denn ihre Familie hielt sich dabei immer im Hintergrund auf – und ich weiß, wie schnell sich Ressentiments gegen Neuankömmlinge bilden können. Also ließ ich die beiden Männer die nächsten zwei Male allein gehen, doch Olivias Ehemann rief mich an und bat mich zu kommen, da sie mich so vermißte.
Ich war froh, wieder hinzugehen, denn wir schwatzten und kamen uns näher, aber ich betete weiterhin für ihre Heilung. Nach der Heilungsanwendung gingen die Männer immer hinunter, um eine Tasse Tee zu trinken, während ich zurückblieb, Olivias Hand hielt und mit ihr redete. Eines Abends sagte sie unvermittelt «Ich möchte wirklich, daß Fred wieder heiratet. Alleine kommt er nicht gut zurecht.»
Ich sagte ihr, sie solle an sich selbst denken und sich um so etwas keine Gedanken machen, aber sie lächelte nur und drängte mich, unten eine Tasse Tee zu trinken, da sie schlafen wollte. Ich küßte sie, deckte sie zu und ging hinunter. Ihr Mann rief mich am nächsten Morgen um acht Uhr an und sagte, sie wäre von uns gegangen.

Als er sie das letzte Mal sah, hatte sie gelächelt, sich umgesehen, «Oh, Doris» gerufen und ihre Augen geschlossen. Ich versuchte, ihn zu beruhigen, konnte seine Trauer und seinen Kummer fühlen, aber als ich das Gespräch beendete, setzte ich mich auf den letzten Treppenabsatz und spürte Wut: ich erklärte der geistigen Welt, nie wieder für sie zu arbeiten!

Sie hatten mir gesagt, es würde ihr gut gehen, also warum geschah es nicht? Ich fühlte mich verraten und verkauft, war voller Trauer, eine Freundin gefunden zu haben, nur um sie wieder zu verlieren.
Ich ging zu meiner Lehrerin Madge und erzählte ihr von meinem Zorn. Sie sah mich an und sagte «Sie haben nicht gelogen, Doris, Geistführer lügen nicht. Sie haben dir versprochen, daß es ihr gut gehen würde, und das tut es auch. Es gibt keinen Tod, nur Leben, und jetzt geht es ihr als freier Geist sehr gut.»
Ich wußte, sie hatte Recht, war aber noch zu wütend, und traurig. Ich ging nicht zur Beerdigung, denn ich hatte schon Abschied genommen. Nach der Beisetzung rief der Ehemann an und lud uns ein, etwas als Erinnerungsgeschenk auszuwählen. Ein Teil von mir wollte hin gehen, ein anderer nicht – als ich meinen Mann ansah, sagte ich «Wenn wir jetzt dorthin gehen, wird sich unser Leben komplett verändern.»
Er sagte, ich solle mich nicht so aufführen, also gingen wir hin und wählten eine Fotografie aus.

Obwohl ich nicht wußte, was mich zu deren Ausspruch bewegt hatte, sollten meine Worte noch wahr werden. Wir spüren, wenn Veränderungen bevorstehen, manchmal sehr gravierende Veränderungen, aber meistens wissen wir nicht, was die Veränderung mit sich bringt.
Olivia hatte im Leben vieler Menschen eine große Lücke hinterlassen und ihr Ehemann Fred vermißte sie sehr. Er begann, uns Montag abends zu besuchen, nur um zu reden, und manchmal war es mir möglich, ihm Botschaften zu übermitteln. Die Familie schien ihn zu mögen, denn er

war ein sehr freundlicher, anständiger Mann. Wir beschlossen damals, unter Madges Leitung lieber einen Zirkel zuhause abzuhalten, als in die Kirche zu gehen. Fred schloß sich unserem wöchentlichen Zirkel an, brachte immer Schokoladenkekse und zwei Walnuss-Hörnchen für meine Töchter mit, die seine Ankunft natürlich immer sehr freudig erwarteten.
Wir hatten uns angewöhnt, daß nach Ende der Sitzung die Damen die Herren zum Abschied umarmten und küßten. Ich umarmte auch Fred wie einen Freund, aber aus einem mir unerklärlichen Grunde hielt ich ihm immer die Wange hin, während er sich leicht umdrehte und mich auf die Lippen küßte. Ich hatte ihn das schon bei meinen Freundinnen in der Gruppe tun sehen, was völlig in Ordnung war, aber als er vor mir stand, erstarrten wir beide und waren unfähig, uns zu rühren. Er griff nach seiner Jacke, verabschiedete sich hastig und war schnell verschwunden. Als eine halbe Stunde später das Telefon klingelte, wußte ich, daß er es war.

In Gedanken kehrte ich zu dem Morgen vor zwei Jahren zurück, als jemand an meinem Bett stand und mich küßte, aber etwas stimmte nicht. Der Name des Mannes war weder Charles noch John, sondern Fred, und er hatte zwei Kinder. Ja, seine Frau war gestorben, aber es machte trotzdem keinen Sinn. Ich war verheiratet. Was würde jetzt passieren, was sollten wir tun? Diese Gefühle waren sehr stark, sehr real, keine bloße Leidenschaft, sondern etwas Tieferes, etwas, das mich bis ins Mark erschütterte. Ich zog eine Bilanz meines Lebens und traf eine Entscheidung: ich würde nicht mehr so weiterleben wie die letzten Jahre, ich würde gehen, ob ich dann ein Leben mit Fred führen würde oder nicht; ich würde mein Leben nach meinen Bedürfnissen, meinen Wünschen ausrichten, obwohl ich auch die Kinder in Betracht ziehen mußte. Trotzdem ich innerlich zerrissen war, fühlte ich eine Gewißheit, daß sich alles zum Guten wenden würde. Ich wußte nicht, wie, aber alle

Betroffenen würden zufrieden sein, also ging ich voller Entschlossenheit zum Telefon, um den Anwalt anzurufen, da hörte ich eine jenseitige Stimme sagen, «Dein Termin wird morgen um 15 Uhr sein.» Ich wählte die Nummer und die Sekretärin erklärte mir, sie habe am nächsten Tag um 15 Uhr einen Termin frei – genau wie die Stimme mir gesagt hatte.

Die Dinge schienen wunschgemäß zu laufen, was ich als gutes Omen wertete, doch bevor es soweit war, gab es noch viel Unschönes. Wenn Menschen verletzt sind, reagieren sie und wehren sich, so auch mein Ehemann. Als ihn der Anwalt über meinen Scheidungswunsch informierte, war er geschockt. Da er nur in seiner eigenen Welt gelebt hatte, war ihm die Realität nicht bewußt gewesen, was ihn nun umso schwerer traf, und was er nur schwer akzeptieren konnte. Doch schien er bei unseren Gesprächen über die Zukunft sehr ruhig. Wir verkauften gerade das Haus und er schlug vor, ich sollte vom Erlös ein kleineres Haus für die Kinder und mich kaufen, er würde sich um die Hypothek kümmern. Wir sahen uns ein Haus an, das mit dem Bus zu erreichen und nicht weit von der Schule der Mädchen entfernt war. Wir machten ein Angebot, das angenommen wurde, beantragten eine Hypothek.

Trotzdem waren Ians innerste Gefühle stärker, als er selbst angenommen hatte, so beschloß er eines Tages, alleine nicht zurechtzukommen, und – erlitt einen Zusammenbruch. Wir waren alle völlig überrascht, denn wir hatten geglaubt, er habe die Trennung verwunden.

Wir kannten das Ausmaß seines inneren Kampfes nicht, den meine Entscheidung verursacht hatte. Die Ärzte beschlossen, ihn zur Beobachtung in ein Krankenhaus einzuweisen, um herauszufinden, was zu dem Zusammenbruch geführt hatte. Ich sprach mit dem Anwalt und deutete an, Ian unter diesen Umständen nicht verlassen zu können; ich könnte keinen kranken Mann zurücklassen, sondern müßte ihn wieder gesund pflegen.

Er erklärte mir, Ian wäre sehr offen zu ihm gewesen war und hätte erzählt, wie schlecht er mich behandelte, daß er für alles verantwortlich wäre. Der Arzt riet mir, daß ich, wenn ich diese Ehe und mein Zusammenleben mit Ian beenden wollte, jetzt gehen sollte, andernfalls würde das Problem immer wieder auftreten. Er sagte, sie würden Ian dabei helfen, ein neues Leben aufzubauen. (Was er auch tat, er traf jemanden und heiratete wieder.)

«Wenn Sie wirklich gehen wollen, sollte es jetzt sein», sagte der Arzt. «Lassen Sie ihn sich an die neuen Umstände gewöhnen, solange wir ein Auge auf ihn haben.» Ich dankte ihm für sein Verständnis, fühlte mich aber dennoch verantwortlich und aufgewühlt.

Ich wußte damals nicht, daß wir für die Taten anderer Menschen nicht verantwortlich sind. Trotzdem schulterte ich die Verantwortung und fühlte, wie die Last mich niederdrückte. Als ich mit engen Freunden und Anderen darüber sprach, stimmten sie der Meinung des Arztes zu, rieten mir zu gehen und meinen Plan umzusetzen. Also tat ich es, denn ich sah keinen anderen Ausweg. Der Schaden war nicht mehr rückgängig zu machen, ich wollte nicht mehr so leben, wie ich es zuvor getan hatte. Ich konnte einen Blick darauf werfen, wie ein Leben aussehen könnte, und machte entsprechende Pläne. Obwohl dunkle Wolken über uns hingen, stand ich vor dem Beginn eines neuen Lebens mit Fred. Es war kein besonders guter Start, und rückblickend hätte alles auch anders laufen können, doch etwas in mir trieb mich vorwärts.

Ich hatte nie das Gefühl, daß mich die Jenseitigen beurteilten oder Partei ergriffen. Das tun sie nicht, denn sie wissen, nur ich allein konnte die Entscheidung treffen, niemand könnte mir das abnehmen. Ich bin der Allgegenwärtigen Liebe für die Chance dankbar, die ich ergriff, um mit Fred ein neues Leben zu beginnen. Es verlief nicht immer glatt, aber war so voller Liebe, daß nur der Gedanke daran mich mit Wärme erfüllt.

MEIN LEBEN MIT FRED

Komm' leb mit mir und sei meine Liebe. Das Beste kommt erst noch.

Robert Browning

Fred und ich begannen unser Eheleben auf eine sehr nüchterne, sogar etwas traumatische Weise.
Unsere Hochzeitsreise verbrachte ich mit der Sorge um meine zwei Töchter, die an einer Lebensmittelvergiftung litten. Ich weiß noch, wie ich nach all dem Aufwischen, Bettwäsche wechseln und Nachthemden waschen dachte, ob das mein neues Leben sein würde... doch würde dieser Zustand nicht lange anhalten – es war nur am Anfang. Ich denke viel über Anfänge und Enden im Leben nach, einschließlich des Endes meiner Ehe. Obwohl wir immer vom Ende dieser Sache, dieser Romanze, dieser Partnerschaft oder dieses Jobs reden, gibt es tatsächlich gar kein Ende. Das Ende ist lediglich der Start eines neuen Anfangs, wie der physische Tod, der nur das Ende eines Menschenlebens zu sein scheint, es jedoch nicht ist. Es ist der Anfang eines neuen Lebens für diese Person, ein Leben ohne Schmerz, das in einer größeren, helleren Dimension stattfindet. Es gibt keine wirklichen Enden, nur Anfänge.

Leicht konnte man eine neue Ehe mit vier Kindern nach einer so traumatischen Scheidung nicht wirklich nennen – doch Freds Verständnis, sein Sinn für Humor, sein Enthusiasmus und sein so offensichtliches Glücksgefühl, wann immer ich in seiner Nähe war, machte vieles leichter für mich. In seinen Augen sah ich die große Liebe, die er für mich empfand, und sie gab mir die Kraft, mit allem klarzukommen. Ich wünschte, ich hätte mich besser mit meinen Dämonen der Vergangenheit zurechtgefunden, doch wir sind immer nur so gut wie unser gegenwärtiges Wissen – es ist uns nicht möglich, klüger als nach unserem tatsächlichen Wissen zu handeln.

Doch es war nicht alles übel und schlimm; meist glich es einem Abenteuer mit ruhigen Momenten, das es zu überstehen galt. Ich mußte mich meinen inneren Wunden stellen und lernen, mein inneres Selbst zu heilen. In der Zwischenzeit kamen wir zurecht.

Fred unterstützte mich sehr bei meiner spirituellen Arbeit. Er machte mir Mut, und wann immer ich niedergeschlagen oder müde war, sagte er mir «Du bist so gut, wie alle anderen auch. Nicht besser, sondern ebenso gut.» Ich sagte ihm, er sei voreingenommen, da ich seine Ehefrau war und er mich liebe, doch er erklärte «Ich mag voreingenommen sein und ganz gewiß liebe ich dich, doch ich würde es dir sagen, wenn du nicht so gut wärst. Ich sage das nicht, weil du es von mir hören willst, sondern weil es die Wahrheit ist.» Je besser ich ihn kennen lernte, desto mehr erkannte ich, was für ein aufrechter, ehrlicher Mensch er war, daß ich ihm glauben konnte – doch es dauerte eine lange Zeit. Ich war mißtrauisch, an solche Ehrlichkeit, Direktheit, solche Liebe nicht gewöhnt. Seit dem Tod meines Vaters hatte ich diese bedingungslose, absolute Liebe nicht mehr erlebt, und ich brauchte viel Geduld, mich wieder daran zu gewöhnen. Ein Teil von mir blieb mißtrauisch, wartete auf die Kritik und die Beurteilung, die dem «Ich liebe dich, aber» folgen würde.
Mein Warten war umsonst. Obwohl er so oft dazu Gelegenheit gehabt hatte und den Wunsch verspürt haben mußte, verurteilte Fred mich niemals.

Auf diese Weise startete mein Leben mit Fred meinen Heilungsprozeß. Ich gewann mein Selbstvertrauen wieder, die Zuversicht, daß mein Werken richtig und gut war, und mir auch selbst half. Nur dank Fred setzte ich meine spirituelle Arbeit fort, und begann schließlich mit dem Lehren, was mir vor so vielen Jahren vorhergesagt worden war. Ich hatte mich immer für unwürdig gehalten, unfähig, andere zu unterrichten. Wenn ich heute bei einer Gruppe sitze und mich selbst als Kanal für das Licht öffne, spüre ich diese große Freude in mir aufsteigen und mich erfüllen. Danke dir, Fred. Die Kraft deiner Liebe und dein Vertrauen in mich haben mir den Mut gegeben, weiterzumachen.

Kapitel 17

AUFBAU EINER KIRCHE

Große Dinge geschehen, wenn Mensch und Berg sich treffen

William Blake

Während wir in den siebziger Jahren in Harrogate lebten, waren mein Mann und ich mit einem Ehepaar, Sana und Joan Thorpe, befreundet, das regelmäßig die Kirche der Spirituellen Heilung in Harrogate besuchte. Sam war ein jovialer, offenherziger Mann, ein Heiler aus Berufung, und seine Frau war trotz ihrer Ostearthritis ein fröhlicher Mensch mit einer sehr starken Persönlichkeit. Mit der Zeit wurden wir gute Freunde. Doch traurigerweise herrschte, wie so oft, ein Dissens in der Kirche, der manche Ihre Rolle vergessen ließ und sie zu Kritikern der Kirche machte. Sam, Joan, Fred und ich waren von der Kirchenpolitik, und dem Ego mancher Organisatoren, rasch desillusioniert. Aufgrund der verschiedenen Persönlichkeiten entstand Disharmonie, woraufhin wir von dem ganzen Aufbau bald genug hatten.

Wir saßen in unserem Wohnzimmer und diskutierten die Situation, als mir plötzlich einfiel zu sagen, «Warum gründen wir nicht unsere eigene Kirche? Es muß ja nichts Großes sein, wir könnten einfach einen Raum mieten.» «Aber wo denn?» entgegnete Sam. «In Harrogate gibt es schon zwei Kirchen, und die ganze Streiterei und Disharmonie verspricht keine gute spirituelle Atmosphäre ...» «Nein, tut es nicht», sagte ich. «Aber daraus können wir lernen.» Und plötzlich hörte ich eine Stimme sagen, «Gründe eine in Knaresborough. Knaresborough braucht noch einen Treffpunkt für verwandte Seelen.»
Warum nicht Knaresborough? Sam und Joan lebten damals dort, und als wir darüber nachdachten, war es, glaube ich, Sam, der erwähnte, es gäbe dort ein Ratsgebäude, ein schönes Gebäude mit einer großen Halle, die

man mieten konnte. Sam meldete sich freiwillig, mehr darüber herauszufinden, und so waren wir voller Enthusiasmus, denn wir wußten, daß wir aus dem Seelenreich Rückendeckung hatten, und unser Vorhaben nicht unmöglich, sondern durchaus machbar war.

Unsere Freunde waren voller Hoffnung, daß wir nun etwas beginnen konnten, bei dem es keine Streitigkeiten, sondern einen Nährboden für wahre spirituelle Bruderliebe gab. Sam forschte nach und fand heraus, wir konnten die Halle für drei bis fünf Pfund pro Abend mieten; in der Kirche fanden dienstags abends keine Veranstaltungen statt, also machten wir das zu unserem Abend. Ich schlug vor, von allem ein bißchen anzubieten: Hymnen, Gebete, Philosophie und Hellsehen, im Anschluß Heilungen ... alles, was die Leute von einer spirituellen Kirche an einem Dienstag Abend in Knaresborough erwarteten. Nachdem wir den großen Saal gemietet hatten, meldeten wir uns bei der ‹Psychic News›, der örtlichen Zeitung, und berichteten von unserem kommenden Projekt. Die Psychic News kündigte an, daß wir ein spirituelles Treffen planten. Wir zahlten die fünf Pfund, hatten aber weder Gesangbücher noch Tassen, fanden aber jemanden, der für uns am Klavier spielte.
Die örtliche Kirche bot uns keine Hilfe auf dem Gebiet, also beschloß ich mit Hilfe meiner spirituellen Lehrerin Madge Shaw, die außerdem ein exzellentes Medium war, mit ihr gemeinsam eine Demonstration zur Eröffnung der Knaresborough Kirche abzuhalten. Madge organisierte fünfzig Gesangbücher aus ihrer eigenen Kirche in York, die jemand mitbrachte – es handelte sich dabei um einen guten Freund, Bob Stokes, der an Bronchitis erkrankt und sehr zerbrechlich war. Er kam nach Knaresborough mit zwei vollen Tüten und einem breiten Grinsen auf dem Gesicht. Da der Abend so lange zurückliegt, weiß ich nicht mehr, ob es Tee oder Kaffee gab, aber an die Gesangbücher erinnere ich mich – und daran, daß der Hauswart des Gebäudes manche der herbeiströmenden Menschen wegen der Brandschutzregeln wegschicken mußte!

Meine Freundin Madge und ich teilten die Messe unter uns auf, voller Freude und Ehrgefühl, an einem solchen Projekt teilhaben zu können. Die örtliche Presse war da und interviewte mich. Ich erklärte ihnen, daß wir statt eines psychischen oder okkulten, einen spirituellen Weg einschlugen. Wir wollten denen helfen, die Führung oder Sicherheit oder Hoffnung auf ein Leben nach dem Tod suchten. Wir brabbelten kein komisches Zeug oder beteten einen besonderen Kult an, sondern waren freidenkende Seelen, die versuchten, den Menschen ihre Spiritualität wiederzugeben.

Die Zeitungsberichte waren sehr positiv und optimistisch, doch was uns besonders berührte, war die Unterstützung der Kirche in York, und des guten Freundes, der uns mit den Gesangbüchern aushalf. Dank des zahlreichen Publikums und ihrer Spenden hatten wir die Kosten des nächsten Treffens nicht aus eigenen Taschen zu bezahlen. Bob mußte uns nur noch ein-, zweimal mit Gesangbüchern aushelfen, dann hatten wir genug Geld gesammelt, fünfzig eigene zu kaufen. Wenig später konnten wir uns auch Tassen leisten und somit nach der Messe Tee und Kaffee servieren, während die Heiler für Hilfesuchende zur Verfügung standen.

Wie so oft im Leben gingen nach dem ersten Enthusiasmus die Besucherzahlen zurück, zudem stand der Winter vor der Tür. Doch war uns klar, daß wir weitermachen mußten, egal, wie voll der Saal würde. Manches Mal erschienen nur sehr wenig Leute, doch wir ließen uns nicht entmutigen. Es war wie das Leben selbst: manchmal ist es positiv und fröhlich, manchmal weniger – aber man muß es durchstehen. Das taten wir auch, sahen ein, daß wir bei einem kleineren Stammpublikum ein Finanzpolster brauchten, um die Kirche offen zu halten und eine Rücklage zum Überleben zu haben. Ich schlug vor, Sitzungen zu geben, und das Geld dafür der Kirche zu spenden. Also meldete ich mich bei der Psychic News und ihrem damaligen Herausgeber Maurice Barbanell an, telefonierte mit ihm, erklärte ihm mein Vorhaben. Er sagte, es sei Zeitungspolitik, jedes Medium, das dort inserieren wollte, selbst zunächst zu testen. Er würde eine mir unbekannte Person beauftragen, mir einen Brief zu schreiben, den ich als Grundlage meiner Sitzung benutzen sollte. Um in der Zeitung inserieren zu dürfen, mußte meine Analyse zu mindestens 75 % zutreffend sein.

Ich war einverstanden und erhielt einen Brief. Ich war ein bißchen ängstlich und sandte meine Gedanken aus: «Liebe Freunde, wenn dies der richtige Weg ist, weiß ich, daß ihr mir helfen werdet.» Ich legte den Brief zunächst beiseite, doch ein oder zwei Tage später spürte ich den dringenden Wunsch, ihn zu lesen. Ich nahm Stift und Zettel und schrieb alles auf, was aus mir herausströmte. Ich hatte weder Zweifel noch Fragen, unterschrieb meine Analyse und sandte sie an die Zeitung. Nach etwa einer Woche erhielt ich eine Antwort von der Psychic News. Ich hatte zu 98 % bewiesen, daß es ein Leben nach dem Tod gab, die restlichen 2 % konnten sie nicht genau definieren, hielten sie jedoch für noch bevorstehend, für etwas, das noch am Kommen war. Ich bekam außerdem einen Dankesbrief und war überglücklich, und dankte der Seelenwelt erneut für die geleistete Hilfe.

Mein Mann bezahlte die Inserate aus eigener Tasche, und bald meldeten sich die ersten Wünsche nach Sitzungen. Beinahe zwölf Monate lang hielt ich Einzelsitzungen, die manchmal traurig, manchmal fröhlich, und oft auch sehr komisch waren. Es war eine lohnende Arbeit, die unsere Kasse auffüllte, damit wir die Kirche auch noch länger öffnen konnten.

An eine komische Sitzung erinnere ich mich im Zusammenhang mit einer Dame aus Doncaster, ein von Harrogate recht weit entfernter Ort, doch sie war ganz erpicht darauf, mich zu sehen, nachdem sie die Anzeige in der Psychic News gelesen hatte.

Sie war Ende Sechzig, und ich begann, ihr ein Leben nach dem Tod zu beweisen. Es stellte sich heraus, daß sich ihr früherer Liebhaber in der Seelenwelt aufhielt, und obwohl ich ihr bewies, daß auch andere Personen in der Seelenwelt lebten, wollte sie immer wieder ihren früheren Liebhaber kontaktieren. Andere geliebte Menschen aus der geistigen Welt erwähnten, ihr Ehemann sei noch am Leben, jedoch sehr krank, und bräuchte Hilfe und Aufmerksamkeit. Doch das alles wischte sie beiseite, und wollte nur von ihrem früheren Liebhaber hören, nicht von ihrem Gatten und seinen Problemen. Ich sandte meine Gedanken an die Seelen: «Was soll ich tun, was kann ich ihr noch sagen?» Ich hörte eine Stimme, vermutlich von einer der Nonnen «drüben», die mir halfen, antworten. «Sag der Dame, sie soll das Evangelium des Heiligen Johannes, Kapitel 8 lesen.» Ich gab die Nachricht weiter, erklärte, dies sei die Botschaft der Seelenwelt für sie, die sie beim nachlesen verstehen würde. Sie dankte mir, zahlte und ging. Natürlich war ich auch neugierig, und sobald sie weg war, eilte ich ans Bücherregal, griff nach dem Neuen Testament und schlug das entsprechende Kapitel auf. Ich lachte herzhaft, als ich las: es war das Kapitel, in dem Jesus der Ehebrecherin begegnet und sie auffordert, nicht mehr zu sündigen!

Ich dankte meinen Freunden aus der Seelenwelt, denn die Frau hatte partout nicht gehen wollen und immer mehr nach ihrem Liebhaber gefragt, von dem ich aber nichts hörte. Sie schien in einem Dilemma festzustecken, wollte es nicht akzeptieren, aber als ich ihr die Botschaft überbrachte, machte sie sich freiwillig auf den Weg. Ich spürte den Humor meiner Seelenfreunde und brannte darauf, meinem Mann davon zu erzählen.

Er lachte mit mir und meinte, daß ich diese Dame nie wieder sehen würde. Er sollte Recht behalten, außerdem hatte ich dazu auch keine Lust.

Meine Freunde halfen mir bei einem Menschen, der die Vergangenheit nicht loslassen und sich nicht um die Bedürfnisse der Lebenden kümmern wollte.

Zwei Jahre nach der Gründung der Kirche bildeten wir ein Komitee und übergaben Sam und Joan die Führung, denn ich hatte das Bedürfnis, meine Fähigkeiten als Medium weiter auszubilden und andere Kirchen in ganz England zu besuchen. Die Knaresborough Kirche existiert dank Cynthia, einer hartarbeitenden und gewidmeten Dame, noch, doch braucht sie Helfer, da es für sie allein manchmal etwas schwierig wird. Ich hoffe und bete, daß sich eine liebe Seele findet, die ihr hilft und sie unterstützt, damit die Kirche für diejenigen, die nach einem Beweis für ein Leben nach dem Tod suchen, weiter bestehen bleibt.

IM KRANKENHAUS

Gelehrt durch die Zeit, hat mein Herz doch gelernt zu glühen.
Für Mancher' Trost, für Anderer Sorgen zu schmelzen.

Homer

Mehrere Blutungen pro Monat begannen mir Schmerzen und Unwohlsein zu bereiten, also verwies mich mein Arzt an eine Gynäkologin. Ihre Effizienz und ihr Verhalten gegenüber Patienten beruhigte mich, doch sie stellte fest, daß ich eine baldige Hysterektomie brauchte, da einiges im Argen lag. Sie wollte die Operation binnen eines Monats, am 8. Dezember, durchführen. Ich war geschockt und versuchte, mich an den Gedanken einer Total-Hysterektomie, die sie mir empfohlen hatte, zu gewöhnen. Sie versicherte mir, ich könne danach ein völlig normales Leben weiterführen. Ich sah ein, daß ich nicht wie die Monate und Jahre zuvor weitermachen konnte, und nahm diese Lösung an.

Einer Inspiration zufolge wollte ich einen Heilpraktiker aufsuchen, der Menschen die richtige Nahrung empfahl, um sich auf Operationen vorzubereiten, oder an Krankheitszustände zu gewöhnen. In den Gelben Seiten fanden wir einen Therapeuten, der mir eine Diät für meinen Energiehaushalt und meine bevorstehende Operation empfahl. Ich schloß daraus, daß manche Nahrungsmittel gut und hilfreich für unser physisches Wohlbefinden sind, während andere eine schlechte und verschlimmernde Wirkung haben. Wir erledigten unsere Weihnachtseinkäufe, besorgten einen Truthahn und Gemüse, froren alles ein, damit ich nach der Operation für Heiligabend nicht mehr soviel zu tun hätte.

Ich wurde ins Krankhaus eingewiesen, und als der Arzt mich untersuchte, erzählte ich ihm, daß ich nach acht Tagen gehen würde. Ich sah Patientinnen, die an einem Tropf hingen, schwer gebeugt umhergingen, als täte ihnen jeder Schritt weh. Der Arzt sah die Frauen an, dann mich,

und sagte «Acht Tage, aber sicher! Diese Dame dort drüben hatte ihre Hysterektomie vor 12 Tagen!»
Ich entgegnete «So wird es mir nicht ergehen. Ich werde am achten Tag das Krankenhaus verlassen. Wollen wir wetten?»
Ich glaube, er wollte nicht mit mir streiten, kehrte den Besserwisser heraus und schlug schließlich ein. Er staunte noch ein wenig über meine Krankenakte, denn zum ersten Mal hatte ich unter Religion «Spiritist» angegeben. Er sah mich andauernd an, während er las, und schien verwirrt.

Anfangs war ich überrascht, wie viele Krankenschwestern sich an meinem Bett tummelten. Eine von ihnen sagte «Ihr Spiritisten seid so pflegeleicht. Ihr macht keine Mühe, seid so positiv eingestellt und scheint auch besser zu genesen als andere, da ihr an geistige Führer und Heilungen glaubt.» Ich antwortete «Oh, ja, das tue ich.» Eine Schwester fragte mich flüsternd «Geben Sie Sitzungen?» «Manchmal schon», entgegnete ich. Sie ging fort, aber bei ihrem nächsten Besuch zog sie die Vorhänge um mein Bett herum, und begann, mir von ihrem Privatleben zu erzählen, und Fragen zu stellen. Ich kann mich nicht erinnern, was ich ihr geantwortet habe, aber als sie die Vorhänge wieder öffnete, schien sie etwas selbstsicherer zu sein.

Obwohl diese Art Information vertraulich behandelt werden sollte, sprach sich schnell herum, woran ich glaubte. Die Frau, die im Bett gegenüber meinem lag, schien ebenso zu denken. Ich fragte sie, ob sie an ein Leben nach dem Tode glaubte. Sie sagte ja, und so erklärte ich ihr, daß ich die Hände einer Frau auf den ihren liegen sah, und mich ihre Mutter bat, ihr zu sagen, diese Frau sei bei ihr. Ihre Augen füllten sich mit Tränen und sie bat mich zu beschreiben, wie ihre Mutter aussah. Ich beschrieb die Gesten und die Persönlichkeit ihrer Mutter, woraufhin sie mir zustimmte. «Oh, ja, das ist meine Mutter. Danke, vielen Dank.»

Am nächsten Tag folgte meine Operation, die ohne jede Schwierigkeit verlief, so daß ich mich nach dem Aufwachen nur etwas müde und irgendwie noch neben mir fühlte. Die Krankenschwestern gaben mir Spritzen gegen die Schmerzen, damit auch diese nicht zu schlimm wurden. Am ersten Tag, an dem ich aufstehen durfte, wollte ich keine Bettpfanne benutzen, sondern selbst auf die Toilette gehen – mit dem Tropf zusammen. Im Badezimmer traf ich meine Bettnachbarin. Sie wollte wissen, ob sich noch andere geliebte Seelen um sie herum befanden, ob sie ihren Eingriff problemlos überstehen würde und ihre Mutter noch eine Botschaft für sie hätte. Ich weiß meine Antwort nicht mehr, doch sie muß ihr geholfen haben, denn sie dankte mir lächelnd und ging zurück ins Bett.

Dank meiner guten Genesung brauchte ich bald keine Schmerzmittel mehr nehmen. Tagsüber und nachts versammelten sich Menschen wie bei einem Ritual um mein Bett herum, um über ein Leben nach dem Tod zu reden. Als ich meinen Tropf nicht mehr brauchte, begann ich, den anderen Patientinnen Tee zu bringen, denn je mehr ich mich bewegte, mich wieder aufrichtete, desto schneller würde meine Genesung fortschreiten. Die Krankenabteilung, in der ich war, hatte etwa zwanzig Patientinnen, und die Schwestern saßen an einem Tisch in der Mitte des Raumes, um alle im Auge haben zu können. Etwas altmodisch, wie mir schien, doch es funktionierte.
Sobald ich morgens aufstand, sah mich eine Frau von gegenüber gebannt an. Ich weiß nicht, weshalb, doch am Abend ging ich zu ihr und wir sprachen über das Leben nach dem Tod. Ich konnte ihr ein, zwei Botschaften überbringen. Sie sah mich wieder sehr gebannt an und fragte, ob ich einen indianischen Führer hätte. Ich bestätigte es, und erklärte ihr, ihn jedoch noch nie gesehen zu haben. Offenbar hatte sie jeden Morgen darauf gewartet, einen Indianerhäuptling in voller Montur neben meinem Bett stehen zu sehen. Ich versicherte ihr, daß

diese Führer existierten, man sie aber nur sehen könne, wenn man über mediale, psychische und sehr sensible Fähigkeiten verfügte. Oftmals ist ihre Erscheinung auch nur symbolisch. Die Weisheit der Indianer ist viel größer als die der Europäer.

Wir setzten unsere Diskussionen fort, und bei jedem Weg ins Badezimmer hielt mich irgendjemand aus unterschiedlichen Gründen auf. Am siebenten Tag fiel mir auf, daß ich trotz der guten physischen Heilung nach der Operation sehr müde und erschöpft war. Als mein Ehemann mich besuchen kam, erklärte ich, unbedingt heim zu müssen, da ich hier im Krankenhaus andauernd und überall improvisierte Sitzungen geben sollte! Ärzte und Krankenschwestern suchten meinen Rat, doch ich brauchte Ruhe. Mein behandelnder Arzt sah sich die Narbe an, bestätigte, daß sie gut verheilte und sagte, am nächsten Tag würden die Fäden gezogen. Ich fragte ihn, ob ich danach nach Hause dürfte, denn es war ja mein achter Tag. Erinnerte er sich an unsere Wette?

Er stimmte mir zu und sagte, daß nichts an mir ihn noch überraschen würde.

Er befragte mich wegen eines Jobs, um den er sich in Deutschland beworben hatte. Konnte ich sagen, ob er den Job bekommen, ob er sich in die richtige Richtung bewegen würde?

Es verwunderte mich, daß ein Mediziner, ein Wissenschaftler, sich einerseits über unseren Glauben lustig machte, sich aber auf der anderen Seite, als normaler, verletzlicher und unsicherer Mensch wie jeder andere, nach einer Sicherheit sehnte. Ich lächelte, und bot ihm an, den Brief auf Deutsch für ihn zu schreiben – ich war sicher, er würde Erfolg haben.

Ich konnte kaum abwarten, wieder nach Hause zu kommen. Erschöpft und ausgelaugt hatte ich mich nicht erholt, sondern anderen Menschen Tee, Sympathie und tröstende Botschaften überbracht.

Nichts geschieht zufällig. Es war für mich die richtige Zeit gewesen, hilfesuchenden Menschen zu begegnen, die Saat meines Glauben zu verstreuen, und hier und da jemandem die Angst vor dem Tode genommen zu haben.

Vor dem Tod braucht man keine Angst haben. Er ist eine Tür, durch die wir hindurch in eine hellere, scheinende Existenz schreiten, solange wir willens sind, uns unserem Selbst, unseren inneren Emotionen zu stellen, und uns mit ihnen auseinanderzusetzen. Wir erkennen dann, daß nur wir allein uns beurteilen, denn in der spirituellen Dimension gibt es keine Sünde. Wir allein, mit unserem begrenzten Wissen, unserem begrenzten Horizont haben das Wort Sünde erfunden, und kritisieren und beurteilen uns.

Mit spiritueller Liebe werden wir in der geistigen Dimension bedingungslos aufgenommen und akzeptiert. Also warum machen wir uns selbst kleiner, beurteilen uns selbst? Wenn wir nur erkennen können, daß wir als spirituelle Wesen in einem physischen Körper gleich sind mit jedermann, nicht besser, sondern ebenso gut, stark und klug. Wenn wir nur daran glauben, können wir alle unsere Ziele und Träume erreichen. Und was diese wundervolle spirituelle Macht angeht: alles ist möglich. Wer sagte doch gleich? «Mit Gott an unserer Seite, wer könnte sich gegen uns stellen?»

SCHUTZENGEL

Jeder Gedanke, der mit Genie und Pietät in die Welt geworfen wird, verändert sie.

Emerson

An einem Tag im Mai beschlossen Fred und ich, seine Tochter Olivia an ihrem Geburtstag zu überraschen.
Sie gab eine große Gartenparty, zu der wir zuerst nicht kommen wollten, da die Autofahrt nach London lange dauern würde und wir nicht wußten, ob wir es rechtzeitig schaffen würden. Wie auch immer, jetzt hatten wir uns doch dazu entschlossen und sagten einer Freundin Olivias Bescheid, und baten sie, ihr nichts zu verraten.

Wir fuhren sehr früh los. Es war ein schöner Tag, fast sommerlich, obwohl es zu der Jahreszeit sonst sehr kühl war. Die Bäume begannen zu blühen, und das frische grüne Laub stimmte uns sehr fröhlich, als wir losfuhren. Die Straßen waren in gutem Zustand. Ich sah auf die Uhr und sagte zu meinem Mann, «Wenn wir so weiterfahren, sind wir um 9.30 Uhr dort.»
Es herrschte wenig Verkehr, wir kamen sehr gut durch. Plötzlich spürte ich, daß jemand hinter uns im Wagen saß, also drehte ich mich zur Seite und sah Olivia, die verstorbene Frau meines Mannes.
Ihre Arme hatte sie auf unsere Rückenlehnen gelegt. Sie lächelte und sagte «Hallo, ich bin heute euer Schutzengel.» Ich lachte und entgegnete, «Oh, nein, heute nicht, ich habe heute frei. Heute möchte ich nur einen schönen Tag haben und Olivias Geburtstag feiern.»
Sie lächelte immer noch und bat mich, Fred zu sagen, was sie anhatte, ihm ihr Kleid zu beschreiben. Ich beschrieb ihm ihr, in meinen Augen, eher gewöhnliches Kleid, mit allen Farben und Mustern.

Er lachte «Oh, ja, das ist tatsächlich Olivia. Es ist das einzige Kleid, das sie sich selbst geschneidert hat. Ich mochte es nicht und sagte ihr, von der Schneiderei die Finger zu lassen.»
Olivia deutete auf die Armbanduhr, die sie trug und sagte «Erzähl' ihm von der Uhr.» Als ich die Uhr beschrieb, erkannte Fred sie und erklärte, er habe sie seiner Tochter nach dem Tod ihrer Mutter geschenkt.

Damit hatten wir den Beweis, daß tatsächlich Freds erste Frau hinter uns saß und sich freute.
Dann sagte sie «Übrigens, ihr werdet erst um 10.30 Uhr ankommen.» Ich gab es meinem Mann weiter, konnte mir aber bei unserer Route nicht vorstellen, daß wir unser Ziel eine Stunde später erreichen sollten, die Straße war ja frei und trocken. Keinem von uns beiden fiel ein Hindernis auf, und so lehnte ich meinen Kopf zurück. Plötzlich hörte ich wieder Olivias Stimme, diesmal eindringlicher. «Doris, Doris, sag ihm, er soll langsamer fahren.» Ich sah auf den Tachometer, sah, wie schnell wir fuhren, und rief ihm zu, langsamer zu werden. Fred nahm den Fuß vom Gaspedal, als wir uns einer scharfen Kurve näherten. Kurz vor der Kurve, wir fuhren endlich langsamer, gab es einen lauten Knall und der Wagen scherte aus. Ein Reifen war geplatzt. Wir starrten uns an und waren uns im klaren, daß es bei höherer Geschwindigkeit zu einem schlimmen Unfall mit üblen Folgen hätte kommen können.

Erleichtert atmeten wir tief aus und blickten auf die Rückbank, doch Olivia war verschwunden.

Sie war tatsächlich unser Schutzengel gewesen. Da wir nicht mehr auf die Straße zurückkamen, mußten wir auf dem Kies daneben bleiben. Fred bat mich, ans Ende des Wagens zu gehen und den nächsten Autofahrern zu signalisieren, langsamer zu fahren. Er wechselte dann den Reifen und bald darauf setzten wir unseren Weg ohne weitere Zwischenfälle fort. Um genau 10.30 Uhr trafen wir an Olivias Tür ein. Sie war angenehm überrascht und wir feierten eine wundervolle Party mit ihr.

Dank der Warnung unseres Schutzengels Olivia hatten wir überlebt. Gott allein weiß, was sonst hätte passieren können.

VERGANGENE LEBEN

Wir leben in der Gegenwart, träumen von der Zukunft. Doch die ewigen Wahrheiten lernen wir von der Vergangenheit.

Viele Leute sind verwirrt, wenn sie davon lesen, daß ein Medium sich «abstimmt», besonders, wenn in dem Zusammenhang auch von der Akasha-Chronik die Rede ist. Die folgende Erklärung dieser Aufzeichnungen mag dem Verständnis helfen. Die Beschreibung stammt aus dem Aquarischen Evangelium Jesus Christus von Levi.

«Was sind die Akashiker Aufzeichnungen?» Das Wort Akasha stammt aus dem Sanskrit und bedeutet «Primäre Substanz», das Material, aus dem alle Dinge geformt sind. Gemäß der Aquarischen Philosophie ist es das erste Stadium der Kristallisation des Geistes. Diese Philosophie sagt aus, daß alle ursprüngliche Substanz Geist ist; daß Materie aus Geist besteht, der auf niedrigeren Vibrationen schwingt und so – wie ein Meister es einmal bezeichnete – ein Koagulat wird. Diese Akashike oder Primäre Substanz ist hauchzart und so feinfühlig, daß die leiseste Vibration im Äther, gleich an welchem Ort im Universum, einen unlöschbaren Abdruck auf ihr hinterläßt. Wenn der Geist eines Menschen mit dem Universellen Geist in absolutem Gleichklang schwingt, beginnt der menschliche Geist diese akashiken Eindrücke bewußt zu erkennen und kann sie somit aufsammeln und in eine ihm bekannte menschliche Sprache übersetzen.

Die unzerstörbaren Aufzeichnungen des Lebens, bekannt als die Akasha-Chronik, liegen in der Domäne der Höchsten Intelligenz, oder des Universellen Geistes, und jeder Leser muß in sehr engem Kontakt zum Heiligen Geist oder Heiligen Atem stehen, wenn die Alten Meister diesen Geist anrufen. Jede Gedanken-Vibration spürt er sofort in jeder Faser seines Wesens.

Wenn jeder Raum voll gefüllt mit den Gedanken jeglicher Art ist, wie kann der Leser der Akasha-Chronik die individuellen Gedanken und Ereignisse einer einzelnen Person oder Gruppe herausfiltern?
Jeder Mensch verursacht seine individuellen, unverkennbaren Vibrationen, und wenn ein Leser das Gesetz der Unterscheidung vollständig verstanden hat, kann er sein Wesen auf die Schwingungen der gewünschten Person ‹abstimmen› und wird von anderen Schwingungen oder Rhythmen nicht mehr gestört. Dieses Prinzip wird in der kabellosen Telegraphie demonstriert.»

Wie ich hier schon zuvor erwähnte, habe ich meine ersten Erfahrungen mit den Eindrücken vergangener Leben in besonders emotionalen und streßreichen Situationen während meiner ersten Ehe gemacht, und habe sie so noch heute. Die erste, sehr emotionale Erfahrung machte ich beim Durchblättern eines Kataloges, in dem Schlösser Yorkshires abgebildet waren. Meine Schwiegereltern besuchten uns damals recht häufig, und wir suchten immer nach Orten, die sie sich anschauen konnten. Mein Schwiegervater mochte Gärten, während meine Schwiegermutter große Anwesen und Schlösser liebte, also war es eine gute Idee, dieses eine Schloß in der Nähe Yorks zu besichtigen. Ich nutzte die Gelegenheit, um zuhause zu bleiben, und etwas Hausarbeit, Einkaufen und Bügeln zu erledigen, und freute mich darauf, einen ganzen Tag dafür Zeit zu haben.

Als sie zurückkamen, schienen alle glücklich und zufrieden; ich hatte meine ganzen Vorhaben erledigt, sie hatten einen schönen Ausflug gehabt. Mein Schwiegervater schwärmte von den Gärten und Parks, meine Schwiegermutter lobte die Bilder, Skulpturen, das antike Mobiliar und das gesamte Design. Sie hatte einen Katalog gekauft. Ich blätterte ihn durch und stieß auf die Porträts früherer Besitzer.

Bei einem besonderen Bild einer Frau begann mein Herz schneller zu schlagen, fast wie bei einer Panikattacke. Wie ich ihr Porträt ansah, in ihre Augen blickte, hatte ich das Gefühl, mich selbst anzuschauen. Es war ein sonderbares Gefühl, doch ich kannte sie. Ich muß wohl blaß geworden sein, denn meine Schwiegermutter fragte, ob es mir gut ginge. «Ich weiß nicht», erwiderte ich und tat etwas, das ich nie zuvor getan hatte – ich zeigte auf das Foto und erklärte «Das bin ich, in einem früheren Leben.»

Meine Schwiegermutter bemerkte, daß Kopfform, Hals und Ausdruck der Augen mir sehr ähnlich waren. Ich weiß nicht, ob sie mir glaubte oder nicht, aber das war nicht wichtig, denn ich schnappte immer noch nach Luft und mußte meine Atmung kontrollieren, um in einen ruhigeren Zustand zu gelangen. Ich war sicher – so etwas kann man keinem anderen Menschen erklären – doch ich wußte es einfach, daher beschloß ich, eines Tages dieses Anwesen aufzusuchen. Doch es sollten sechs oder sieben Monate vergehen, bis es soweit war.

Es war Ostern, und am Ende der ersten Woche war das Schloß geöffnet. Die Besucher standen Schlange, und wir reihten uns ein, doch auf halber Höhe der Eingangsstufen hatte ich wieder die gleichen Symptome wie zuvor. Mir war heiß, ich hatte Panik, und erklärte meinem Mann, nicht hineingehen zu können. Mir war klar, daß ich einer Hysterie nahe war, doch etwas zog mich zurück und ich wollte nicht mehr hineingehen. Ich konnte mich nicht überwinden, und so dauerte es noch ein oder zwei Jahre, bis ich endlich gewappnet war und mich in die Bildergalerie begab – und vor das Porträt stellte. Ein sonderbares Gefühl überkam mich, so, als wisse ich alles über sie, das Leben voller Traurigkeit, das sie geführt hatte, denn dort war sie nicht besonders glücklich gewesen. Eine der Schloßführerinnen kam auf uns zu, bemerkte unser Interesse und begann uns von der Frau zu erzählen. Sie erwähnte, daß die Frau das schwarze Schaf der Familie gewesen war. Ich lächelte und

meinte keß «Das ist in diesem Leben nicht anders.» Ich hoffte, die Führerin würde meine Bemerkung als Spott abtun.
Ein anderes Mal nahmen wir ein befreundetes Medium mit, das bei uns gerade zu Besuch war. In einem Raum des Schlosses gab es Hunderte von Gemälden, und ich erklärte meiner Freundin, eines davon zeige mich in einem früheren Leben, sie solle doch herausfinden, welches. Sie blieb in der Mitte der Galerie stehen, sah sich um, und ging dann direkt auf ‹mein› Porträt zu. Sie bestätigte mir die Ähnlichkeit. «Was für eine traurige Person sie gewesen ist», erklärte meine Freundin, und sprach damit meine eigenen Eindrücke aus.
Das war eine sehr emotionale Begegnung mit einem früheren Leben gewesen, doch es gab noch viele mehr, manche sehr glücklich, manche nur als Nacherzählung wiedergegeben, um Gefühle zu sortieren und emotionalen Unrat loszuwerden, der mich noch von früheren Leben belastete.

Solche Episoden gab es immer wieder, bloß niemals, wenn ich sie gezielt suchte. Sie tauchten immer spontan und immer in ganz alltäglichen, banalen Situationen auf. Ob ich nun Hausarbeit verrichtete, einkaufen ging, oder mich gerade mit jemandem unterhielt, plötzlich tauchte ein Bild vor meinem geistigen Auge auf, das nicht in diese Zeit gehörte.
Ich war gerade mit Freddie zusammen, der später mein zweiter Ehemann werden würde, als wir in der Kathedrale von Durham ein ganz besonderes Erlebnis teilten. Es war noch vor unserer Hochzeit, als wir Durham besuchten, die Stadt, in der Freddie aufgewachsen war und Autofahren gelernt hatte. Er war in der Nähe Durhams zur Schule gegangen und kannte daher die ganze Grafschaft. Ich ging immer gern dorthin, die Menschen waren nett, sehr gastfreundlich, und die malerische Stadt Durham faszinierte mich immer wieder. An diesem besonderen Tag gingen wir in die Kathedrale. Der Organist probte ein Stück für den nächsten Gottesdienst, es klang fantastisch.

Wir gingen den Gang hinunter, als ich plötzlich etwas Schweres auf meinen Schultern und meinem Kopf spürte. Wie ich mich vorsichtig umdrehte, sah ich, daß ich ein langes Kleid mit langer Schleppe trug, anders als die heute üblichen Brautkleider. Es schien aus sehr schwerem, seideähnlichen Material gefertigt zu sein, und war wundervoll bestickt. Ich wurde dieses schwere Gefühl nicht los. Ich wußte, daß das Kleid schwer war, und auf meinem Kopf trug ich eine Kappe. Wir hatten zuvor eine Radierung der Kathedrale von Durham gekauft, die Fred zusammengerollt in seiner linken Hand trug, als wir das Gebäude betreten hatten.

Als ich ihn jetzt ansah, trug er nicht mehr seine normale Kleidung, sondern eine Art Uniform. Die Papierrolle in seiner linken Hand war jetzt ein Schwert, und er war viel jünger. Ich hatte mich bei ihm eingehakt, wir gingen sehr langsam den Gang hinunter, bis wir vor dem Altar von Sankt Bede standen. Ich hörte eine Stimme – «Streck deine Hand mit dem Ring heraus.» An meiner linken Hand trug ich einen blassen Aquamarin, das erste Geschenk meines Mannes, und in unseren Augen unser Verlobungsring. Ich streckte meine Hand aus und fühlte einen Lichtstrahl den Ring treffen – eine Segnung. Wir gingen weiter und kamen an einen anderen Altar, an dem ich den Wunsch verspürte, niederzuknien, es jedoch unterließ. So nicht mein Mann: er kniete nieder und bekreuzigte sich, obwohl er in diesem Leben der Kirche Englands angehört.

Nach einer kurzen Weile stand er auf und wir gingen auf dem anderen Gang wieder hinunter. Ich verspürte immer noch diesen Druck auf meinen Schultern und meinem Kopf. Wir lächelten uns an, und als ich mich umsah, schien die ganze Kathedrale voller Menschen zu sein. Wir gingen weiter, bis wir an die Ausgangstür kamen. Kaum waren wir draußen, verschwand das Druckgefühl und das lange Kleid mit der Schleppe. Ich trug wieder meine normale Kleidung, wie auch mein Mann.

Das erste, was er sagte, war: «Ich mußte mit meinem Schwert aufpassen, denn ich wollte mich nicht verletzen.» Erstaunt sahen wir uns beide an und erkannten, daß wir beide in eine andere Zeit, ein anderes Leben gelangt waren, während wir auf den Altar zugeschritten waren, um zu heiraten.
Wir waren beide in jenem Leben viel jünger gewesen, und wie ich ihn so ansah, sagte ich ihm, daß er – wie schon so oft – weggegangen war und mich allein gelassen hatte. Immer ging er fort und wurde getötet. Ich erwähnte ein Regiment; vielleicht hatte es schon bei der leichten Infanterie Durhams angefangen, aber ich kannte mich mit militärischen Dingen nicht aus und letztlich war es auch nicht wichtig. Was zählte, war, daß wir nun die Chance hatten, zusammen zu sein, älter und reifer zu werden, und er nicht wieder in einen Krieg ziehen würde.
Diesmal würden wir eine bessere Chance haben und zusammen ein glückliches Leben führen. Es war uns egal, ob uns das jemand glaubte; wir waren nur dankbar für diese Erfahrung, die unseren Glauben daran, füreinander bestimmt zu sein, bestätigte, und uns eine zweite Chance gab, unser Schicksal zu erfüllen, den Kreis des Lebens zu schließen.
Später folgten noch mehr solcher Erlebnisse. Ein oder zwei waren sehr amüsant. Als mein Mann in London seine Kinder besuchte, nutzte er die Gelegenheit für eine Sitzung bei einem Medium. Eine der Botschaften für meinen Mann handelte von einem früheren Leben und die Dame begann, ihm von einem Leben in Ägypten zu berichten. Er war sehr aufgeregt, denn er hatte schon viele Menschen von früheren Leben in Ägypten oder Griechenland erzählen hören, und diese Menschen schienen immer Seher oder Hohepriesterinnen gewesen zu sein, weswegen es ihn sehr interessierte, was er damals gewesen war.
Ihm wurde berichtet, daß er ein Dieb gewesen sei, dem man die rechte Hand abgeschlagen hatte. Er war sehr arm gewesen, ein Bettler, der nur mit Stehlen überleben konnte, aber dafür schwer bestraft worden war.
Er war über diese Nachricht sehr überrascht, doch meinte, irgendjemand müsse neben den ganzen Edlen ja auch ein gewöhnliches Leben geführt

haben. Das Sonderbare in diesem Leben ist nur, daß sein rechtes Handgelenk sehr schwach war, was bei seiner Liebe für Tennis manchmal zum Problem wurde. Oft habe ich gesehen, wie er dieses Handgelenk massierte, als bereite es ihm Schmerzen. Diese Schwäche ging nicht weg, und obwohl er für seine Unehrlichkeit, die er nur des Überlebens wegen begangen hatte, bestraft worden war, war er in diesem Leben extrem aufrichtig und ehrlich. Bei ihm mußte alles genau, richtig und ordentlich sein, als wolle er damit einer neuen Bestrafung entgehen. Vielleicht erklärt das sein schwaches Handgelenk.

So oft meinen die Menschen, in einem früheren Leben eine privilegierte Person gewesen zu sein. Vielleicht wollen sie damit etwas in diesem Leben rechtfertigen, doch es ist nicht wichtig, ob sie einst eine hochgestellte Persönlichkeit oder ein ganz normaler Mensch gewesen sind, der sich mit dem Alltag herumschlagen mußte. Viel wichtiger ist die Frage, die diese früheren Leben aufwerfen: habe ich mich vorwärts bewegt? Was kann ich noch lernen? Was muß ich noch verarbeiten und bewerkstelligen? Dies ist die Essenz der Reinkarnation, die die früheren Leben aufdeckt. Vielleicht stehen Schwächen oder Krankheiten des gegenwärtigen Lebens in Verbindung zu früheren Erlebnissen. Für jeden ist es unterschiedlich, doch die Essenz bleibt: zu lernen.

Es kann sehr hilfreich sein, herauszufinden, was wir noch lernen müssen, denn alles, was wir in diesem Leben tun, unterliegt unserem freien Willen und formt unseren Charakter und unseren Lebensweg. Viele von uns handeln dabei intuitiv, wissen, was für sie individuell der richtige Weg ist, der für jemand anderen möglicherweise falsch wäre. Wir erleben emotionale Begegnungen mit Menschen, mit denen uns spontan etwas verbindet, obwohl wir nicht wissen, woher diese Empathie stammt. Bei anderen Menschen ist es, als stießen wir gegen eine Wand, spüren keine Verbindung, fühlen eine Antipathie. Natürlich ist nicht jede Erfahrung aus einem früheren Leben traumatisch, manche sind hell und fröhlich, zeigen uns eine glückliche Inkarnation, voller Wonne, und wieder andere sind sehr lehrreich.

Ungefähr zwölf Jahre lang hatte ich in Harrogate eine Unterrichtsgruppe. Manches Medium und mancher Heiler sind daraus hervorgegangen, doch eigentlich trafen wir uns alle vierzehn Tage zum meditieren. Wir lernten gemeinsam, sandten Licht in die Welt, formten eine spirituelle Verbindung zueinander. Nach jeder Gruppensitzung ging man erfrischt und gestärkt seines Weges. Eines Abends gab ich nach einer langen Meditation der Gruppe wie üblich eine Aufgabe, die mit Hellsehen oder -hören zu tun hatte. Ich sah mich um und fragte, was jeder empfangen hatte, als ein Mitglied zu kichern begann. «Entschuldigung», sagte sie. «Ich habe heute ein früheres Leben empfangen.» Als wir sie baten, uns davon zu erzählen, antwortete sie «Ich glaube, ich traue mich nicht.» Doch wir blieben eisern und wollten unbedingt wissen, was sie gesehen hatte. «Tatsächlich kamen du und Chris auch darin vor.»
Chris ist eine Freundin von mir, eine liebenswerte Frau, ein sehr spiritueller Mensch und eine Yoga-Lehrerin. Wir waren neugierig und wollten es unbedingt wissen. «Na ja», sagte sie uns. «Ich habe euch beide gesehen, in der Nähe eines Hafens, aber ich weiß nicht, in welcher Stadt. Ihr wart Freudenmädchen und seid eurem Gewerbe nachgegangen.»

Wir begannen zu lachen und Chris fragte, «Waren wir gut darin?»

Die gesamte Gruppe platzte los vor lachen. Nachdem wir uns etwas beruhigt hatten, sagte ich zu meiner Freundin «Weißt du, eigentlich erklärt das eine ganze Menge. Ich hatte immer Verständnis für diese Mädchen, wollte nie auf sie herabsehen oder mich von ihnen angeekelt abwenden. Für mich sind sie ganz normale Menschen, und ich habe nie verstanden, warum andere sie beschimpfen.» Chris sagte «Das ging mir

auch immer so, seit ich klein war.» Wir erkannten, daß wir aufgrund unserer eigenen Erfahrungen mit dem Metier mehr Verständnis hatten und lernten so wieder etwas hinzu. Wir hielten diese Tätigkeit für ganz normal und fühlten entsprechende Sympathie für diese Frauen, für uns waren sie normale Menschen, wie alle anderen auch. Keine von uns beiden war verletzt oder fühlte sich gedemütigt und entwürdigt, es war nur eine weitere Erfahrung aus einem früheren Leben.
Meine Freundin und ich waren glücklich, denn wir schienen aus jenem Leben eine Menge gelernt zu haben.

Eine andere Gruppe, ein anderes Land, und andere Menschen. Es war bei meinem ersten Kurs für das Training und die Entwicklung medialer Fähigkeiten in Deutschland. Natürlich beschäftigten wir uns auch mit Reinkarnation. Ein besonderes Mitglied dieser Gruppe nannte ich immer Martin. Das erste Mal erschien er mit einer Gruppe Deutscher zu einem Wochenseminar in unserer Kirche in Harrogate. Damals begann ich ihn Martin zu nennen, bis mir jemand anderes nebenbei mitteilte, daß er tatsächlich Michael hieße. Ich entschuldigte mich und erklärte, ich hätte schwören können, sein Name sei Martin. Er sagte, der Fehler mache ihm nichts aus. Als er dann an meinem Kurs in Deutschland teilnahm, nannte ich ihn schon wieder Martin. Ich sagte ihm, ich müsse mir endlich seinen richtigen Namen einprägen, doch er meinte, er hätte sich schon an seinen neuen Namen gewöhnt. Während unserer Diskussionen über Reinkarnation und mein Einstimmen in die Akasha-Chronik sah ich – völlig unerwartet – mich selbst und Michael als Mönche. Ich mußte über mich selbst lachen, denn ich sah lächerlich aus. Ich hatte die übliche Tonsur eines Mönchs, doch die restlichen Haare sahen so aus, als würden sie wild umherfliegen, und ich schien die ganze Zeit hin und her zu huschen. Michael war kleiner als ich, ziemlich rundlich und sehr fröhlich. Wir schienen viel Spaß zu haben. Ich sah uns von vielen Flaschen umgeben, konnte sogar das Etikett erkennen: wir zwei Mönche sitzen an einem Faß, Glas in der Hand, und arbeiten an einem Branntwein. Allem Anschein nach, und unschwer an unseren Bäuchen zu erkennen, probierten wir auch viel davon. Als ich Michael dann ansah, fing ich an zu lachen. «Jetzt weiß ich, warum ich dich immer Martin nenne.» Es stellte sich nämlich heraus, daß wir damals in Frankreich lebten, er war Bruder Martin, ich war Bruder Michel. Also hatte mein tiefes Unterbewußtsein bei unserem ersten Treffen die Verbindung geknüpft; etwas in mir erkannte, daß ich tatsächlich Martin wiedergefunden hatte. Aus diesem Leben schien eine besonders wichtige Lektion zu stammen. Zuerst glaubte ich, es sei ein glückliches Leben gewesen, schließlich hatten wir in den Kellern des Mönchsordens eine Menge Verkostungen unternommen. Dann fiel mir auf, daß ich immer umhereilte und Bruder Martin vor allem Bösen, Ärgerlichen abschirmte und beschützte, ja sogar seinetwegen Lügen erzählte. Für Michael schien die Lernlektion zu sein, sein Leben, seine Angelegenheiten selbst in die Hand zu nehmen und Eigenverantwortung zu tragen, seine eigenen Entscheidungen zu treffen, und seine eigene Kraft zu gebrauchen. Das lernte er nun.

Also war dies ein fröhliches, glückliches Leben gewesen und jedes Mal, wenn ich daran dachte, mußte ich lächeln. Doch ich wußte, daß es da noch mehr gab. Es war nicht das einzige Leben, welches ich mit Michael verbracht hatte, denn jedes Mal, wenn ich mich an ein anderes erinnern wollte, überkam mich eine große Traurigkeit, und ich ließ davon ab.
Seit einigen Jahren tauchen Bilder eines Lebens auf, das direkt vor diesem aktuellen stattgefunden haben mußte. Ich sah ein großes Haus, eine Spanische Treppe und ein Kind, das durch das Geländer auf den Ballsaal voller tanzender Frauen und Männer blickte. Manchmal hatte das Kind eine Puppe aus Lumpen bei sich, manchmal einen etwas mitgenommenen Teddybär. Dann sah ich mich selbst in der Kleidung der 20er Jahre, eine junge Göre, die Charleston tanzte. Bei anderen Szenen trug ich ein cremefarbenes Kleid der Edwardischen Epoche und dazu

einen cremefarbenen Hut, während ich am Bahnhof einen Mann verabschiedete, von dem ich nur den Rücken, doch nie sein Gesicht sah. Ich erkannte seinen Gürtel – die Art, die man, glaube ich, einen Sam Browne nennt – und daß er ein Offizier war. Ich wußte, er zog in den Krieg und ich würde ihn nie wieder sehen, was mich sehr traurig stimmte. Da er sich nie umdrehte, konnte ich nie sein Gesicht erkennen. Erst sehr viel später, ich stand gerade in der City von Harrogate und ging in Gedanken meine Ziele durch – erst Marks and Spencer, dann zur Bank, dann dies und jenes – als plötzlich ein Bild vor meinem geistigen Auge Gestalt annahm. Wieder sah ich mich selbst als traurige, junge Frau am Bahnhof stehen und zusehen, wie der Mann in den Zug einstieg, als er sich plötzlich umdrehte. Es war Michael. Die Trauer übermannte mich, Tränen liefen mir die Wangen herunter – zweifellos bot ich den überraschten Passanten in Harrogate einen sonderbaren Anblick. Ich hoffte nur, daß mich kein Bekannter so sehen würde, denn ich hätte schwerlich erklären können, weshalb ich solchen Kummer verspürte. Ich lief zur Damentoilette eines Möbelgeschäftes, um mein Gesicht zu waschen und meine Fassung wieder zu gewinnen. Danach ging ich in ein Cafe und trank Kaffee, um meine Nerven zu beruhigen, tief durchzuatmen – und ich begriff, weshalb das Bild immer solche Traurigkeit in mir ausgelöst hatte.

Also: weshalb trafen wir uns in diesem Leben wieder? In unserem Fall, um Freunde zu werden, die sich gegenseitig helfen und unterstützen. Ehepartner waren wir schon füreinander gewesen, diesmal sollten wir als Freunde neue Erfahrungen machen und daraus lernen. Michaels Wachstum und Entwicklung zu beobachten verleitet mich dazu, für seinen persönlichen Fortschritt zu beten, denn er ist ein großartiger Heiler, und könnte ein begabter Hellseher sein, wenn er sich dazu entschließen würde. Es ist sein Leben, seine Entscheidung. Es ist Teil seiner eigenen Lektion, seinen Weg zu wählen und Verantwortung für sein Handeln zu übernehmen.

Es schien das letzte Hindernis gewesen zu sein, von diesem früheren Leben zu erfahren. Doch weshalb starb ich in jenem Leben so jung? Warum vertrieb ich mir die Zeit mit Parties, und verschloß meine Gefühle, wenn ich welche zuließ, vor anderen? Als noch sehr junge Frau hatte ich einen Ehemann verloren, was damals Millionen anderer Frauen geschah, und die damit irgendwie zurechtkamen. Ich verschloß mich vor allem, ließ keine Emotionen mehr zu, denn der Schmerz war zu groß. Ich war verbittert, fühlte mich allein gelassen und verschwendete darum jenes Leben. Im Rückblick erkenne ich heute, welche Privilegien ich einst genossen hatte; was ich für andere, unglücklichere Menschen hätte tun können, statt mich abzuschirmen und in Selbstmitleid zu ergehen. Ich denke, genau dieses Gefühl habe ich aus dem früheren Leben in das heutige mitgebracht – und mich die ersten Jahre über kontrollieren lassen: ich armes Ding und Opfer.

Bis ich eines Tages davon genug hatte und wieder das Ruder in die Hand nahm. Ich wollte kein Opfer sein, ich wollte mein Leben selbst kontrollieren und frei sein. Ich sah mich um und war dankbar für alles, was mein Leben heute ausmacht, und nicht etwa, was hätte sein können. Das ist wichtig.

Doch das Schicksal griff ein und reichte mir ein weiteres Puzzleteil, damit ich endlich das ganze Bild erkennen konnte, die Lektion begriff, die ich in meinem gegenwärtigen Leben noch lernen sollte. Ich weiß heute, daß jedes Ereignis, jede Erscheinung, jedes Bild, das wir von einem früheren Leben aufnehmen, Teil unseres Lernprozesses ist. Es kann sehr hilfreich sein und uns bei unserer spirituellen Entwicklung weiterhelfen. Es gab eine Sache, die mich an diesem früheren Leben verwirrte. Warum warf meine Seele, die Essenz meines Selbst, ein wertvolles Leben einfach weg, nur weil ein Ehemann sein Leben im Dienste fürs Vaterland verloren hatte?

Ich war umgeben von Frauen gewesen, die gleiches durchmachten, doch sie überstanden es und setzten ihr Leben fort. Ich hingegen hatte das Handtuch geworfen, mich aufgegeben, als ob all meine Emotionen irgendwo tief in mir verschlossen wären. Doch welche Emotionen waren das? Sie handelten von Betrug... Ich fühlte mich betrogen, nicht, weil er in den Krieg gezogen und gestorben war, sondern aus einem anderen Grund.

Im April 2001 gaben wir einen fünftägigen Kurs für diejenigen, die zuvor an einem Zwölf-Monats-Kurs für mediale Entwicklung teilgenommen hatten. Ich freute mich sehr darauf, denn während eines solchen monatelangen Kurses konnte man mit vielen Menschen freundschaftliche Verbindungen knüpfen. Daher war es fast wie eine Familienfeier für uns. Ich saß auf meinem Platz im Kursraum und begrüßte jeden voller Freude und Neugier. Dann kam eine besondere Teilnehmerin herein. Ich hatte sie immer als sehr liebenswert und medial begabt empfunden, doch dieses Mal spürte ich bei ihrem Näherkommen kalte Wut in mir aufsteigen. Am liebsten hätte ich sie gepackt, geschüttelt und geschlagen. Ich war verstört – woher kamen diese plötzlichen Emotionen? Ich kontrollierte sie mühsam, begrüßte die Frau mit einem normalen Lächeln. Dann erschien mir ein anderes Bild. Ihretwegen hatte ich mich einst so verraten, betrogen und enttäuscht gefühlt, ihretwegen war meine Welt zusammengebrochen, und deshalb hatte ich mein Leben weggeworfen. Ich setzte die Puzzleteile zusammen: sie hatte von meinem Mann ein Kind bekommen, ein Kind, nach dem ich mich so gesehnt hatte, das mir einen Grund zum Weitermachen gegeben hätte, für das ich hätte leben können, das ich hätte lieben und nähren können. Sie hatte das Kind gehabt, und ich war allein geblieben. Die Emotionen jenes Lebens hatten von Betrug und Verrat gehandelt, und diese Gefühle zu verarbeiten und mit ihnen zu leben, gehört zu den schwierigsten Lektionen.

Im Rahmen des Kurses und mit der Verbindung zu den anderen Teilnehmern, gelang es mir in den folgenden Tagen, mich selbst zu heilen. Ich stellte mich der Wut. Ich schob sie nicht beiseite. Ich akzeptierte ihr Vorhandensein, meine Gefühle für das gesamte Erlebnis, aber ich schickte diese Emotion und ihre Ursache ins Licht, heilte sie, umgab sie mit Liebe und Licht, und schickte sie auf ihren Weg. Ich öffnete der jungen Frau wieder mein Herz und erkannte in ihr wieder ein liebes Wesen, eine treue Seele, die ihr bestes versucht. Wir drei hatten uns wieder getroffen, um einander und anderen vergeben zu lernen. Wir heilten unser innerstes Selbst und die Emotionen, die jenes Leben zerstört hatten, und gingen voran. Der Verrat hatte mich dazu gebracht, mein Leben zu verschwenden. Bis heute habe ich Schwierigkeiten, wenn Freunde, die ich für loyal gehalten hatte, mich irgendwie verraten, doch heute kann ich alles viel leichter und besser durchschauen und begreifen. Ich weiß jetzt, daß kein Verrat oder Betrug mich mehr dazu bringen kann, das Handtuch zu werfen, denn es steht immer noch etwas Helleres, Positiveres bevor.

Offenbar begegnen wir einander immer wieder, um alte Kriegsbeile zu begraben, oder negative Emotionen zu überwinden. Als Gelegenheit zu lernen, zu wachsen und vielleicht eine offene Wunde zu heilen. Wir begegnen uns, um einander zu heilen, unsere Herzen zu öffnen, und das können wir nur, wenn wir keine Angst davor haben, Emotionen zuzulassen. Manche Gefühle verursachen Angst. Ja, ich spürte die Trauer und den Schmerz erneut, als ich die Bilder meines früheren Lebens sah, doch all das verschwand bald, denn ich öffnete mein Herz und heilte es mit Liebe. Schließlich war es Vergangenheit, ich lebte jetzt in der Gegenwart. Ich will keinen Groll hegen. Ich will mich nicht mehr als «armes Ding» sehen. Ich will ein Leben voller Liebe haben. Nur wir selbst können diese Liebe in den Vordergrund heben, denn erst durch das Geben von Liebe können wir sie erhalten.

FREDS GESCHICHTE – ANKUNFT IM SEELENREICH

Ich glaube an die Unsterblichkeit der Seele, denn ich habe unsterbliche Sehnsüchte

Helen Keller

Ich spürte, wie ich nach oben gezogen wurde. Ich betrachtete die Gesichter der Menschen, die ich liebte, war dankbar für ihre Anwesenheit, und doch hielt mich das Gefühl zurück, etwas nicht vollendet zu haben. Ich hörte jemanden «Vielen Dank für deine Liebe» sagen und ein Gebet sprechen, doch währenddessen hörte ich ein brausendes Geräusch an meinem Ohr, wie wenn einem bei einer Fahrt durch einen dunklen Tunnel der Wind auf die Ohren drückt. Ich sah dieses Licht und eine Stimme sagte «Laß' los, komm jetzt mit uns», und ich folgte ihr.

Es hatte den Anschein, als fuhren wir mit hoher Geschwindigkeit. Ich versuchte mich umzuschauen und erkannte zuerst nur verschwommene Gestalten um mich herum. Süße Musik drang zu mir aus vielen Richtungen durch, und ich schien Stimmen zu hören. Um mich herum fühlte ich nur Frieden und die Kraft liebender Energie. Ich wollte dennoch in den Tunnel zurück, denn es gab noch so viel zu sagen, Dinge zu erledigen. Ich wollte mich entschuldigen, doch diese liebevolle Energie trieb mich vorwärts. Gut, einverstanden, dann gehe ich heim.
Ich sah die Umrisse von Menschen. Ich sah meine Mutter, hinter ihr meinen Vater, meinen Großvater, meine erste Frau Olivia, die genau so aussah, wie an dem Tag, als wir uns kennenlernten, und dem, an dem wir uns verlobten. Sie alle waren glücklich und meine Mutter streckte mir ihre Arme entgegen. «Willkommen daheim, Freddie. Jetzt ist alles vorüber.» Doch ich war sicher, daß meine Reise gerade erst begonnen hatte. Es gab so viel zu tun, vieles aufzuklären, Dinge zu erledigen. Ich hatte gedacht, erschöpft zu sein, doch vor meinem Ableben und Wechsel

in die andere Dimension hatte ich viel Ruhe gehabt. Ich fühlte mich wieder stark und kräftig, und wollte dringend meinen geliebten Hinterbliebenen aus der physischen Welt nahe sein.

Wie ich immer mehr lächelnde Gesichter vor mir erscheinen sah, kehrten viele Erinnerungen zurück. Da waren Jim, ein alter Freund namens George, andere Kameraden und Angehörige. Und dann erschien eine Seele, die mir sehr bekannt vorkam, die ich jedoch in der physischen Welt nie gesehen hatte. Er lächelte, streckte mir seine Arme entgegen und sagte «Willkommen, Sohn.» Als ich in seine Augen blickte, konnte ich seine Tochter, meine Frau Doris, die ich gerade verlassen hatte, erkennen. Er hatte den gleichen Ausdruck in den Augen wie sie, die gleiche Liebe entströmte ihm, und er besaß eine sanfte Seele und ein liebenswertes Wesen. Für den Bruchteil einer Sekunde sah ich das Leid und die Liebe, die er für seine geliebten Menschen, insbesondere Doris, empfand. Und dennoch lagen stets Liebe und Sanftmut auf seinem schönen Lächeln. Er umarmte mich und spendete mir damit immer mehr Energie. Die Umarmung vitalisierte mich wieder, verlieh mir Kraft, und ich wußte, daß alles in Ordnung sein würde. Ich spürte auch die Nähe, die ihn mit seiner Tochter verband.

Mir erschien es, als wäre ich schon lange in dieser Dimension. Ich genoß die Nähe zu meinen Freunden und die Gespräche mit meinen vorausgegangenen Angehörigen, verlor jedes Gefühl für Zeit – sie schien keine Bedeutung mehr zu haben, doch das Empfinden, etwas nicht vollendet zu haben, zog mich immer mehr zur physischen Dimension hin. Ich fühlte die Gedanken meiner Frau Doris.
Ich spürte ihre Trauer, und die Sehnsucht, bei ihr zu sein, war so stark, daß ich mich plötzlich bei ihr in der Küche wiederfand, während sie den Herd reinigte. Ich hörte ihre Worte laut und deutlich, «Freddie hat immer den Herd sauber gemacht, und jetzt wird er es nie wieder tun.»

Ich umarmte sie, fuhr mit den Fingern durch ihr Haar, ließ sie meine Gegenwart spüren. Sie bemerkte es, und während ihr Tränen über die Wangen liefen, rief sie «Er ist hier, er ist hier, Freddie ist hier.»

Das war der Anfang. Ich erkannte, daß die Kraft der Gedanken zwischen liebenden Menschen sie miteinander verbinden konnte, sah, daß ich viel lernen und viel würde tun müssen, um meinen Geliebten in der physischen Welt helfen zu können. Meine Reise hatte tatsächlich erst begonnen.

Während meine Energie wuchs, wurde der Wunsch zu helfen mir ein immer dringenderes Bedürfnis, und ich rief aus «Wo kann ich helfen?»

Kaum ausgesprochen, spürte ich die Präsenz eines Mönches mit durchdringend blauen Augen. Er stellte sich mir als Pater Paul, einer von Doris' Führern und Helfern, vor. Er erklärte mir, daß es für Leute wie mich, die erst neu angekommen waren und an die Wahrheit eines weiteren Lebens in der spirituellen Dimension glaubten, einen Platz gab. Ich erklärte, daß ich helfen wollte, und so entgegnete er «Verringere deine Schwingungen, denn wir gehen jetzt in eine zwielichtige Zone der niederen Astralebene. Den Seelen dort ist nicht bewußt, daß sie durch das Tor gegangen sind, welches man den Tod nennt. Manche begannen sich dessen gewahr zu werden, fühlten sich verloren, waren verwirrt und brauchten die Energie und Führung eines Wesens, das gerade erst die physische Welt verlassen hat. Es ist kein schöner Ort, doch wenn du helfen und versuchen möchtest, manche dieser Seelen zum Licht zu führen, kann es eine sehr lohnenswerte und befriedigende Erfahrung sein.»

FREDS GESCHICHTE – SCHATTENLAND

Glaube erklimmt die Stufen, die die Liebe gebaut hat, und blickt aus den Fenstern, die die Hoffnung geöffnet hat

Charles Spurgeon

Ich kehre jetzt zu der Zeit zurück, als ich in die Seelendimension eintrat, und mir eine Welt voller Schatten gezeigt wurde, weder dunkel noch hell, sonder voller Grau. Die Menschen dort wußten nichts von spirituellen Dinge, da sie diese Seite ihres Selbst ignoriert hatten. Sie hatten unter der Herrschaft ihres niederen Selbst gelebt, und als sie nun das Stadium des Todes erreicht hatten, fanden sie sich in der Dimension der niederen Astralwelt wieder.

Es ist kein Platz für Sünder oder Bestrafungen; es ist nur der Ort, an den diejenigen sich selbst verbannen, die ihr spirituelles Selbst nicht akzeptiert haben. Die Leute hatten ganz gewöhnliche, doch sehr materiell ausgerichtete Leben geführt, wußten nichts von dem spirituellen Funken, der tief in ihnen verborgen lag. Jetzt, da ihnen die ersten Schichten des physischen Körpers entnommen wurden, fanden sie sich in dieser Existenz wieder, in der sie all ihre Taten tagein tagaus wiederholten.

Bei der Beobachtung dieser Wesen kam man nicht umhin zu bemerken, wie leblos ihre Existenz, wie trübe ihre Augen wirkten. Sie erschienen wie lebende Tote, und ihre Umgebung war spürbar kühl, trotz der schützenden Schicht liebender Energie, mit der man sich wie mit einem Umhang umgeben mußte, um hineingehen zu dürfen. Wir versuchten einen Funken der Erkenntnis, des Verstehens anzuschlagen, um ihnen klar zu machen, daß sie sich voranbewegen konnten und nicht in diesem Zustand bleiben mußten. Doch weder Worte noch Taten überzeugten sie. Nur wenn in ihnen selbst eine Sehnsucht erwacht und das spirituelle

Selbst durchzukommen beginnt, oder wenn sie uns Gedanken wie «Ich habe genug, ich will weg von hier», «Wo bin ich?» oder «Gebt mir Licht!» als Signal geben, konnten wir an sie herantreten und ihnen erklären, daß sie beobachtet wurden, und ihnen zu einer wärmeren, helleren Existenz verholfen werden konnte.

Zu Anfang erschien es leicht. Wir waren ja, wie sie, durch die gleiche Tür des Todes geschritten, daher müßten wir sie überreden können, doch sie konnten nicht hören. Erst wenn ihr spirituelles Selbst erwachte und sie unzufrieden mit ihrem Aufenthaltsort waren, konnte der langsame Prozeß des spirituellen Wachstums beginnen. Vielen von ihnen wurde bewußt, was für sinnlose Leben sie geführt hatten, und sie schritten auf dem Pfad des Wachstums voran.
Doch dieser war in dieser Dimension schwieriger zu beginnen, denn auf der astralen Ebene hatten sie stets ihre Gefühle unter Kontrolle gehalten. Wenn der physische Körper verschwunden ist, kann der emotionale Körper regelrecht ausbrechen, und ihre Emotionen wie Wut, Haß, Verärgerung und Frust sind wie Boxhiebe für uns, die wir diese Art von Emotionen schon im physischen Leben verarbeitet haben.

Aus diesem Grund ermutigen wir dich, wenn du mit dem spirituellen Weg innerhalb deines physischen Körpers beginnen willst, so viel wie möglich über dein inneres Selbst zu lernen. Deshalb erklären die antiken Philosophen auch immer: «Erkenne dich selbst». Begegne deinem realen, wahren Selbst, erkenne und akzeptiere es – das ist der richtige Schritt vorwärts auf dem Pfad spirituellen Wachstums. Wir verstanden die Schmerzen dieser Wesen, dennoch war es nicht angenehm, sich bei ihnen aufzuhalten, und wir mußten ständig in unser spirituelles Heim zurückkehren, um die eigene Energie wieder aufzuladen, den schützenden Umhang zu erneuern, um ihnen somit wieder helfen zu können. Es war eine schwere Aufgabe, doch wir hatten sie freiwillig gewählt. Wir wollten die Erfahrung machen, lernen und begreifen, damit wir unseren Geliebten auf der Erde erklären konnten, was sie lernen und verstehen müssen, welche Weisheit ihnen zur Verfügung steht.

Laß dein spirituelles Selbst durch dich hindurch erstrahlen. Wenn du Haß spürst, werde dir seiner bewußt und laß ihn mit Liebe vergehen. Wenn du Wut empfindest, schenke ihr Anerkennung und laß sie dann von Liebe eingehüllt wegziehen, damit sie heilen kann.
Verspürst du Unmut, finde die Ursache, heile ihn und laß ihn ziehen. Jetzt ist es leichter als später in der grauen Zwischenwelt.

Zu der Zeit sendeten mir sowohl meine Geliebte aus der physischen Welt wie meine Geliebte aus der spirituellen Welt ihre Gedanken, und teilten mir mit, welche notwendige Phase der Trauer meine Geliebte auf Erden durchmachte. Notwendig für sie, wenn vielleicht auch nicht für andere. Sie verarbeitete den Schmerz, denn sie wollte sich von ihm reinigen, sie wollte sich selbst heilen. So stand ich zwischen meiner Geliebten aus der physischen, der aus der spirituellen Welt, und der grauen Zwischenwelt voller Wesen, die sich keiner spirituellen Existenz bewußt waren.

Wir begegneten einigen Zeugen Jehovas, die immer noch ihre Bibel lasen und auf einen Trompetenstoß warteten. Gott segne sie, sie haben sich diesen Pfad auserwählt. Jede Seele hat ein göttliches Recht auf das Licht Gottes, eine Existenz im Licht jeder Welt, nicht nur dieser, sondern in jeder. Vielen Menschen fällt es schwer, zu verstehen und akzeptieren, daß sie ein Recht darauf haben, glücklich zu sein, ein reiches Leben zu führen, denn es gibt soviel Reichtum. Ich habe das gelernt. Gemeinsam mit meiner Geliebten aus der physischen Welt habe ich ihre Arbeitsgruppen und Seminare besucht, das Wissen gehört, verstanden und verarbeitet. Und da ich ihr Kraft, Liebe und Energie schenkte, lernten wir es Seite an Seite.

Ich hatte mich entschlossen, meine Erfahrungen in der grauen Zwischenwelt zu machen, um denjenigen zu helfen, die ihr spirituelles Selbst absichtlich nicht anerkennen wollten. Meine Geliebte in der physischen Welt beschloß zu lernen und zu wachsen, aus jeder Erfahrung Wissen zu sammeln, um dann wie ein Phoenix aus der Asche emporzusteigen. Jetzt mußten wir beide gleichsam lernen, daß jede Erfahrung, die man macht, egal in welcher Umgebung man sich befindet, kein Kampf sein muß, wenn man ihr nur genug Liebe entgegenbringt. Jede Tat, die wir für jemand anderen vollbringen, ist ein großer Dienst, und zu dienen ist eine große Ehre. Die Tasse Tee, die du für einen durstigen Reisenden kochst, ist ein Dienst, ein Lächeln, das du einem anderen Menschen schenkst, ist ein Akt der Freundlichkeit und Güte. Jeder positive Gedanke, den du für jemand anderen hegst, ist ein weiterer Dienst, und genau darum geht es. Auf diese Weise dienen wir, ob wir es mit Groll tun, eher unwillig oder voller Freude.

Damit beenden wir diese Sitzung, denn es wird weitere geben, in denen ich davon berichten werde, wie es uns gelang, ein paar Wesen in der grauen Zwischenwelt zu helfen. Sie werden berichten, wie sie in diese Zwischenwelt gekommen waren. Wir schenken euch unsere Liebe, denn davon haben wir reichlich, und sagen euch, habt keine Angst, sondern Vertrauen. Alles wird gut werden.

FREDS GESCHICHTE – ZWEI SCHWESTERN

Niemand sollte zu tief in der Vergangenheit voller Fehler, Bedauern und Hätte-ich-doch-nur verharren. Dadurch wird der Geist lahm, entmutigt, und die Energie der Seele beraubt.

Aster

Ich blieb während eurer Pause mit Doris' Geist in Verbindung, und sie erwähnte, daß sie einen Feuerwehrmann sah, nämlich den Kumpel, mit dem ich arbeite. Er starb bei einem Arbeitsunfall, Dämpfe töteten ihn und etwas stürzte auf ihn herab. Er versuchte, jemandem zu helfen, und rettete tatsächlich viele Menschen dabei. Er ist eine gute Seele, die sich, ohne sich je bewußt auf einem spirituellen Pfad zu befinden, voller Güte stets um Menschen und Tiere in Not kümmerte. Er genoß seine Arbeit, steckte schon so viel Liebe in sie, daß er bei seiner Ankunft hier schnell erkannte, sein spirituelles Selbst hatte den physischen Tod überlebt, und so wollte er gleich wieder anderen helfen.

Wie viele Seelen, die erkannt haben, daß der Tod kein Ende, sondern eine Fortsetzung des Lebens ist, wollte er voller Freude die Nachricht herausbrüllen. Er hatte eine junge Familie hinterlassen und spürte den Drang zur physischen Dimension sehr stark, seine Sorge um die leidende Familie zog ihn dorthin. Ich gesellte mich zu ihm, und da er so dringend helfen wollte, erklärte ich ihm, wie er es tun konnte. Sein Name war ebenfalls Fred, aber da wir euch nicht verwirren wollen, nennen wir ihn einfach Bill. Tatsächlich hieß er Frederick William.
Während Bill und ich uns in der niederen Astralwelt der grauen Zone aufhielten, waren wir manchmal frustriert, denn kaum hatten wir unsere Energien in der spirituellen Dimension wieder aufgeladen, wollten wir helfen. Wir spürten noch die Schwingungen der physischen Umgebung und fühlten uns daher noch häufig zu ihr hingezogen, als wir erkannten,

daß wir diese Wesen leichter erreichen konnten, als diejenigen, die aus einer hellen Existenz kamen und viel Zeit dort verbracht hatten.

Da waren zwei alte Damen, ihr würdet sie als alte Jungfern bezeichnen, die tatsächlich eine Existenz geführt hatten, in der das eigentliche Leben an ihnen vorbeigezogen war. Sie hatten ihre Lieben und ihre Hoffnungen im Großen Krieg verloren, der so viele junge Männer das Leben gekostet hatte, und sie blieben allein zurück. Irgendwann lebten sie gemeinsam im selben Haus, mit den ganzen Möbeln, Geräten und Erinnerungen ihrer Jugend. Mit der Zeit wurden sie verbittert, verärgert, und ihre Seelen schliefen ein, denn sie vermieden jeden Kontakt mit der Außenwelt, lebten von einem Tag in den anderen und hielten sich höchstens mal eine Katze als Gesellschaft. Es gibt viele Menschen in der physischen Welt, die sich abkapseln und in ihr Innerstes zurückziehen, und dabei die Regungen ihrer Seele ignorieren.

Diese zwei Damen waren kurz nacheinander in unsere Welt gelangt. Alles, was sie taten, wirkte irgendwie eingerostet, als ob ihr spirituelles Selbst von Gitterstäben umgeben war, und sie mit ihrer Bitterkeit, Verärgerung und Einsamkeit wie gehabt weitermachten.
Aus irgendeinem Grunde interessierten wir uns sehr für diese zwei Damen, näherten uns ihnen, um bei ihnen zu sein, zu beten, und ihnen Liebe, Energie und Licht zu schicken. Unsere Hartnäckigkeit zeigte einigen Erfolg, denn die jüngere der beiden Schwestern begann langsam, sich nach ihrem Verlobten zu sehnen, der im Krieg getötet worden war. Sie hatte die Liebe aus ihrem Herzen vertrieben, wollte sie nie wieder empfinden, doch als sie sich nach ihm sehnte, erschien ihr Verlobter. Die Energie und die Schwingungen, die wir ihr schickten, hatten langsam den harten Kern durchbrochen und die Liebe wieder erweckt, die still und tief in ihr geschlummert hatte.

Die Anwesenheit ihres Geliebten, der sich so zeigte, wie sie ihn in Erinnerung gehabt hatte, startete einen Prozeß in ihr: die harten Schichten wurden abgetragen und die Emotionen wurden befreit, der Kummer konnte fließen und weckte eine Sehnsucht nach Liebe, sie zu geben und zu empfangen, und das Bedürfnis nach einer Umarmung des Geliebten. Nach und nach konnten sie einander erreichen, und mit dem Erfolg der jüngeren kam auch der Fortschritt der älteren Schwester. Ihre Sehnsucht galt den eigenen Eltern, die stets die Jüngere mit Liebe und Zuneigung überschüttet hatten. Als sie erkannte, daß sie nicht so geliebt wurde wie ihre Schwester, hatte sie sich abgekapselt. Die Gedanken und Sehnsüchte erwachten und es gelang den Eltern, sich ihr zu nähern, und mit Bedauern einzusehen, daß es nicht richtig war, eine Schwester mehr zu lieben als die andere.

Wir waren sehr zufrieden. Wir wissen nicht, wie lang es, gemessen an eurer Zeit, gedauert haben mag. Wir hatten Geduld beweisen müssen und nie aufgeben dürfen, diesen zwei Damen – die sich nun auf dem Pfad spirituellen Wachstums befinden – Liebe, Licht und Heilung zu senden. Eines Tages werden sie in die physische Welt zurückkehren und an einem Leben voller Freude, Traurigkeit und Liebe teilnehmen, statt es an sich vorbeiziehen zu lassen. Wir hoffen und beten, daß sie bei ihrem nächsten Unterfangen, ihrer nächsten Reise in die physische Umgebung, Erfolg haben.

Diese Geschichte hat uns gezeigt, daß wir nichts lernen können, wenn wir uns von anderen geliebten Menschen abkapseln. Sich ins Innere zurückzuziehen und alle wunderbaren Gelegenheiten und Möglichkeiten des täglichen Lebens an sich vorbeiziehen zu lassen, bringt uns nicht weiter. Jeden Tag geschehen wundervolle Dinge in der materiellen Welt, die uns helfen zu wachsen, uns gegenseitig Liebe und Güte zu beweisen, damit wir nicht einrosten und die Liebe verdrängen, die unseren menschlichen Geist erhellen soll.

Kapitel 24

FRED ERKLÄRT HELLSEHEN

Es ist gut, Visionen eines besseren Lebens statt des Alltags zu haben, aber aus dem Alltäglichen müssen die Elemente des besseren Lebens stammen

Maeterlinck

Wir wollen über Hellsehen reden, denn du hast den Wunsch geäußert, zu erfahren, wie das Medium, das menschliche Instrument oder der Kanal – wie du es bezeichnen willst, entscheide selbst, wir ziehen die Bezeichnung Kanal vor – Nachrichten aus der spirituellen Dimension übermittelt. Wir wollen gleich zu Anfang klarstellen, daß ein Medium, das sich in andere Dimensionen «einklinken» kann, die Gabe haben sollte, in die Akashachronik einzublicken. Die Akashachronik ist wie ein riesiger Computer, der alle Informationen über deine Vergangenheit, deine Gegenwart und deine Zukunft speichert. Daher kann ein Medium sich auf die Vergangenheit eines Menschen einstimmen, den Abdruck auf der Akashachronik sehen, und vergangene Erfahrungen der betreffenden Person erkennen. Jedes Medium hat eine eigene Methode, diesen «Abdruck» zu erkennen. Der Abdruck aus den Aufzeichnungen manifestiert sich im Geist des Mediums, als würdest du eine Kopie aus einem Kopiergerät ziehen. Von den Fähigkeiten und der Feinabstimmung des Mediums hängt es ab, wie akkurat seine Interpretation ist. Für eine korrekte Interpretation ist es wichtig, nur die aus dem Abdruck gelesene Botschaft zu übermitteln, und nicht das eigene Selbst mit einzubeziehen.

Dieses Einblicken in die Akashachronik erfolgt durch Ausschalten des eigenen Geistes. Manche brauchen eine kurze Meditation, um ihren Geist auszuschalten und nicht mehr die wirren Gedanken aufzufangen, die kreuz und quer durch den Äther jagen. Solche wilden Gedanken fliegen durch die ätherische Welt außerhalb der physischen und umgeben uns alle; Gedanken, die von Menschen ausgesandt wurden, wie die Botschaften, die ein Medium empfängt. Oft finden wir es lustig, Leute sagen zu hören «Oh, ein Geist sagte es mir», während sie es für eine Botschaft eines Jenseitigen halten. Es muß nicht so sein, denn vielleicht haben sie ein Signal aufgefangen, den Abdruck eines Gedanken eines der vielen Menschen auf diesem Planeten. Sagt man nicht, daß in der physischen Welt Gedanken lebendig sind?

Ihr sitzt in euren Heimen, euren Häusern, und konzentriert euch auf eine bestimmte Person, und sendet ihr unbewußt heilende Gedanken. Immer wieder sagt man euch, daß diese Gedanken wirklich ihr Ziel erreichen, ist es also nicht denkbar, daß alle Gedanken lebendig sind, nicht nur die heilsamen? Wir können die eine Sorte nicht von der anderen unterscheiden – Gedanken sind Gedanken, und wenn sie stark genug sind, reichen sie in den Äther hinaus. Viele Menschen senden starke Gedanken der Gewalt und Zerstörung aus, andere Gedanken der Liebe, des Friedens und des Lichts. Manche davon dringen in den Geist ein, so daß ein Medium zu unterscheiden lernt, welche Gedanken zufällig sind, und welche einen tatsächlichen Kontakt zu einem spirituellen Wesen bedeuten.

Das ist es, was uns die Erfahrung und Praxis beibringt. Es ist, als ob man das Autofahren lernt.
Du hast zuerst Unterricht, dann legst du eine Prüfung ab, dann fährst du das Auto, und mit der Praxis wirst du ein sicherer Fahrer. Du gebrauchst deine Intuition, um zu unterscheiden, ob der Fahrer vor dir unberechenbar fährt und du sehr Acht geben mußt, oder ob er ruhig und gleichmäßig fährt und du dich entspannen kannst. Die Erfahrung lehrt dich, richtig zu reagieren, und gut mit deinem Wagen auf der Straße umzugehen.
Mit der gleichen Erfahrung lernt ein Medium, eine besondere Schwingung aus der spirituellen Dimension herauszulesen, und den

Kontakt zu erkennen. Das Medium ist sich in diesem Moment bewußt, mit uns in unserer Dimension Kontakt hergestellt zu haben, und aus früheren Erfahrungen erkennt es, daß sich die Vibrationen seines eigenen Körpers verändern.
Es ist sich der Energie des Geistes, die wir ihm bringen, bewußt: Es ist klar und kühl, befreit seine Gedankengänge, damit wir einen Eindruck hinterlassen können, den es dir übermitteln kann. Du kannst das Medium auch mit einem Radio vergleichen. Du hörst deinen Lieblingssender, hast eine bestimmte Frequenz eingestellt, hörst vielleicht gerade Nachrichten und hast einen klaren Empfang. Zwei Stunden später stellst du das Radio wieder an, doch der Empfang ist gestört, weshalb du an den Knöpfen herumdrehst, bis du wieder alles hören kannst.

Daran siehst du, wie sehr ein Medium einem Radioempfänger ähnelt, denn in beiden Fällen geht es um Frequenzen. In diesem Fall lernt das Medium, oder das «spirituelles Radio», wie immer du es nennen magst, diese Erfahrungen, und dreht an seinem Geist herum und spürt, wann es einen klaren Empfang hat. Manchmal ist die Atmosphäre im Äther gestört, sei es durch Gewitter oder feuchte Hitze, und macht es uns schwerer, Nachrichten zu übermitteln. Oftmals kann ein Medium dennoch Informationen übermitteln, doch manchmal sind seine Energiereserven bereits dadurch erschöpft, daß es mehr Kraft für seine Gedankenschwingungen benötigt, um überhaupt zu uns durchzudringen. An Tagen wie diesem, klar, kühl und windstill, konnten wir – wie auch das Medium – leichter einen Kontakt herstellen; es wußte, daß vor dreißig Minuten der rechte Moment gewesen war, eine Verbindung herzustellen. Dieses Wissen setzt eine Erfahrung von fast dreißig Jahren voraus. Oft erklärt das Medium den Leuten «Ich kann euch keine klare Kommunikation versprechen, aber ich werde es versuchen» – denn jeder Kontakt ist eine experimentelle Erfahrung. Manchmal ist der Kontakt klar und deutlich, manchmal nicht, und erfahrene Medien bekommen immer Informationen, doch haben wir dann mehr von seiner oder ihrer eigenen Energie verbraucht. Manchmal ist der Informationsfluß konstant und es tritt kein übermaßiger Energieverbrauch ein, da wir unsere eigene Energie einfließen lassen und mit der des Mediums verbinden. Doch manchmal sind die atmosphärischen Bedingungen einer Kommunikation nicht förderlich, so daß ein hoher Energieverlust eintritt.

Ein Medium kann manchmal, ohne die Hilfe einer geistigen Wesenheit, die Akashachronik abrufen, und einer Person daraus Botschaften übermitteln. Da zwischen dem Kontakt mit einer geistigen Entität und dem Abrufen der Aufzeichnungen ein riesiger Unterschied besteht, kann ein erfahrenes Medium diesen erkennen.

Die Abdrücke der Akashachronik sind grundsätzlich visuell, Ereignisse aus dem Leben der betreffenden Person, vielleicht Szenen aus früheren Leben, aus einem anderen Kulturkreis, möglicherweise ein oder zwei russische Inkarnationen oder Persönlichkeiten. Ein erfahrenes Medium kann direkt in jene Zeit hineintreten und aus der Akashachronik einen visuellen Abdruck im Geist mitnehmen, mit anderen Worten, eine Kopie der Aufzeichnungen mitbringen.
Demgegenüber weiß ein erfahrenes Medium, wenn es eine Verbindung zur spirituellen Welt geknüpft hat, denn es fühlt die Energie und Frequenz der spirituellen Entität. Damit beginnt auch das Hellhören, denn es spürt und hört die Wesenheit. Für ein erfahrenes Medium agiert der Führer oder spirituelle Lehrer als eine Art Zeremonienmeister, der denjenigen vorstellt, der zu kommunizieren wünscht. Ein erfahrenes Medium wird zu dieser Person, fühlt ihren Schmerz, ihre Freude, ihre Persönlichkeit, und versucht, die Energie dieser Entität anzunehmen, um präzisere Informationen zu übermitteln. Die Wesenheit vermittelt ihm, was vor seinem physischen Ableben geschah, oder Züge seiner

Persönlichkeit. Möglicherweise fühlt es Wut, Freude oder Frustration, viele andere Emotionen, doch der geistige Führer, Vermittler oder Zeremonienmeister wird dafür Sorge tragen, daß das Medium dadurch nicht zu Schaden kommt.

Falls durch die vorhandenen Emotionen, die übermittelt werden, dem Medium irgendwie unwohl wird, kann der spirituelle Führer dies erkennen und die Entität bitten, sich zurückzuziehen, oder mehr Abstand zu wahren. Der Führer agiert als Vermittler zwischen den beiden Beteiligten und paßt auf, daß keine uneingeladenen Gäste oder spirituelle Störenfriede auftauchen.

Wie wir dir erklärt haben, besitzt jedes menschliche Wesen eine eigene Frequenz, und wir versuchen, dies den physischen Wesen zu übermitteln und zu erklären, welche Bedeutung jedes Geräusch hat – und daß, selbst wenn du gar nichts sagst, Töne aus dir erklingen. Dein Geist hat eine Frequenz, du hast deine bestimmten Farben, die diese Frequenzen produzieren, und wir können sie alle voneinander unterscheiden. Eine spirituelle Entität mag dich selbst vielleicht nicht sehen, aber sie empfängt deine Signale und gewöhnt sich an die Geräusche, die deinem Geist entspringen. Spirituelle Heilung erfolgt durch Töne, denn Töne produzieren die Energie. Aus diesem Grund bevorzugen manche Heiler das Abspielen bestimmter Musik und es gibt eine Art von Musik, die man nicht beschreiben kann, weil es keine Beschreibung für sie gibt.
Sie ist sehr, sehr schön, und die Töne schaffen eine Energie und Farbe, die sehr verdünnt übertragen wird, da dein Körper die spirituelle Energie sonst nicht fassen könnte. Aus diesem Grund lernt ein erfahrenes Medium, sich in diese Energien einzuschalten, und zu unterscheiden, wann es einen spirituellen Kontakt hergestellt hat, und wann es nur eine hellsehende Sitzung gibt. Ein erfahrenes Medium sollte sich bewußt sein, wenn es nur die Akashachronik abruft, ein Vorgang, den wir als

hellsehende Sitzung bezeichnen, und der sich sehr vom Kontakt mit einem spirituellen Wesen unterscheidet.

Es gibt viele hellsehende Kanäle in eurer Welt, die ihre Fähigkeiten für eine solche Sitzung gebrauchen und dann von den Interpretationen aus der Akashachronik mitgerissen werden und euch Vorhersagen mitteilen, die schwer zu verdauen sind, wie zum Beispiel der nahende Tod eines Partners oder geliebten Menschen. Aus diesem Grund wäre es weiser, Kontakt zu einer spirituellen Entität herzustellen und dem natürlichen Gesetz zu folgen, denn die grundsätzliche Funktion eines Mediums ist es, zu beweisen, daß es ein Leben nach dem Tode gibt. Das ist die hauptsächliche Funktion, denn der Menschheit die Angst vor dem Tode zu nehmen, bedeutet gleichzeitig, die Zweifel und Furcht auszuräumen, die den menschlichen Geist plagen.

Viele von euch könnten mit etwas Hingabe ein Instrument für den Geist sein. Manche von euch sind mit der Fähigkeit, oder vielleicht besser gesagt, der Gabe, geboren, die Akashachronik abzurufen und auch mit der spirituellen Welt Kontakt herzustellen. Hat man erst einmal festgestellt, daß die Entität, mit der man Kontakt herstellen wollte, jemand ist, den der Fragende kennt, kann man mit Hilfe des Wesens oder der eigenen hellsehenden Fähigkeiten (oft ist es das eine oder das andere) in die Zukunft sehen und dem Fragenden Hoffnung geben, daß dies oder jenes in dem Monat oder dem Jahr passieren wird.

Da gibt es große Unterschiede, und manche Medien sind sich dessen nicht bewußt und nutzen lediglich ihre eigenen Fähigkeiten. Wie wir immer klarstellen, zieht sich innerhalb der spirituellen Dimension, der spirituellen Basis, allem Spirituellen an sich, Gleiches gegenseitig an. Das bedeutet, ein Medium muß neben dem Hellsehen an sich auch mit der Fähigkeit, in die Akashachronik einzublicken, geboren sein, damit es beim Öffnen seines Kanals die Fähigkeit zu entwickeln beginnt, spirituelle Führer mit der gleichen Gabe anzuziehen. Ein Medium, das die Gabe des Hellsehens hat und auch in der Lage ist, durch die Akashachronik in die Vergangenheit, Gegenwart und Zukunft zu blicken, wird einen ebenso gesegneten spirituellen Führer anziehen.

Wenn viele Leute fragen «Wie funktioniert es?», kann man nur sagen, durch Erfahrung.
Genauso wie man Autofahren erlernt, lernt man die Energien zu unterscheiden, mit denen man verbunden ist. Man lernt zu unterscheiden zwischen der Art Verbindung, wie man sie mit den Akasha-Aufzeichnungen herstellt, und derjenigen, die man mit einer spirituellen Entität knüpft, die Informationen und Abdrücke vom eigenen Geist auf den des Mediums übermittelt. Jedes menschliche Wesen hat die Fähigkeit, solche Eindrücke zu empfangen, und tut es, oftmals nicht ahnend, woher sie kommen. Manchmal sagst du «Ich hatte diese Idee» oder «Mir kam gerade dieser Gedanke», was bedeutet, daß du ihn von außerhalb empfangen hast. Dann gibt es eine andere Art Gedanken, die aus deinem eigenen Inneren kommen – oder manchmal aus einem Teil deines intuitiven, innersten Selbst. Du sagst «Mein Gefühl sagt mir das» und genau dann mußt du vorsichtig sein, deine Gefühle sind sehr unbeständig und können dich in die Irre führen, denn sie sind nicht oft von Logik geprägt. Sehr starke Gefühle können dich übermannen, und sie sind nicht immer positiv, sondern können negativ und zerstörerisch sein.

Eine der Hauptlektionen für jedes menschliche Wesen in der physischen Welt ist es, diese Gefühle zu kontrollieren, und sich nicht von ihnen beherrschen zu lassen. Wenn du zu einem Geist geworden bist und die sterbliche Hülle, die dir gut gedient hat, hinter dir gelassen hast, begibst du dich in die spirituelle Dimension, und dein spiritueller Körper besteht nur noch aus Emotionen. Nun stell dir eine Person vor, die sich von ihren Gefühlen hat leiten lassen. Viele Gefühle sind negativ und zerstörerisch und manche sind wiederum voller Liebe, doch eines ist so schlecht wie das andere, wenn du keine Kontrolle über sie hast.

Du mußt sie kontrollieren, statt dich von ihnen kontrollieren zu lassen, damit du, wenn du dich des physischen Körpers entledigst, die Kontrolle über all deine Emotionen besitzt. Dein physischer Körper schützt dich, du kannst dich hinter ihm verstecken und nach außen ein angenehmes, charmantes, höfliches Benehmen an den Tag legen. Doch wenn du den Körper abgelegt hast, ist kein Verstecken mehr möglich. Du bist, was du bist, oder wie das sehr wahre Sprichwort sagt, «Du bist, was du denkst.» Deine Gedanken beeinflussen deine Emotionen und deine Emotionen beeinflussen deinen Körper und Geist.

Jeder Mensch kann seine Gedanken kontrollieren; wenn deine Gedanken deinem Körper sagen, daß du dich nicht wohl fühlst, erhält dein Körper diese Nachricht und reagiert entsprechend – das ist genau das, was wir sagen: deine Gedanken beherrschen deine Emotionen.
Offensichtlich kann ein Medium, ein Hellseher, die Gedanken, die durch den Äther fliegen, empfangen und sich von ihnen beeinflussen lassen.
Ein erfahrenes Medium kann wiederum erkennen, wenn ein Gedanke zu ihm gelangt, der negativ ist – «Oh, du gehörst nicht zu mir, ich segne dich mit meiner Liebe und schicke dich zurück dorthin, wo du hergekommen bist.» Segne alle Gedanken, die du empfängst, die dir fremd vorkommen und nicht deiner Denkweise entsprechen, und sende sie mit deiner Liebe zurück an den Absender, dann verlieren sie ihre Kraft und können dir nicht schaden.
Liebe und Licht und die Gedanken daran sind heilsam und werden im Kampf gegen die Dunkelheit immer als Sieger hervortreten. Wenn ein Mensch seine Gedanken und Gefühle kontrolliert, kann er jeden negativen Gedanken durch den Gedanken an Liebe und Licht vertreiben.

Segne die negativen Gedanken und laß sie ziehen, denn Liebe und Licht bestimmen dein Leben und all deine Unternehmungen.

Medien oder übersinnlich Begabte, wie du sie auch immer nennen möchtest, sind für spirituelle und alle anderen Schwingungen empfänglich. Sie können auch an Stimmungsschwankungen leiden, sich schlecht, krank oder deprimiert fühlen, aber wenn sie sich erst einmal eine Zeit erholen durch Nachtruhe, Essen oder Ausspannen, können sie ihre Ausgeglichenheit wieder herstellen. Das ist eine Nebenwirkung, wenn man ein Kanal für andere ist. Es gibt Möglichkeiten, das zu ändern, doch du bist stets menschlich und daher menschlicher Schwäche ausgeliefert. Es ist immer unser Bestreben, euch auf eurem auserwählten Pfad zu helfen und zu ermutigen, mit Liebe eine Brücke zwischen unseren Welten zu schlagen und zu festigen.

Liebe ist der Schlüssel, um der Menschheit die Angst zu nehmen, um sie wissen zu lassen, daß es keinen Tod gibt, sondern nur ein Tor zu einem anderen, helleren, höheren Leben. Also sei bestrebt, hellere und glücklichere Gedanken und Emotionen zu haben, und du wirst ein angenehmeres Leben führen. Wir versuchen, euch dazu mehr Liebe und Licht zu bringen. Aber denke daran, daß – wie beim Autofahren – für das Verstehen der Mechanismen des Hellsehens eine Menge Geduld und Erfahrung nötig sind. Du mußt zwischen den Arten der Energien unterscheiden können. Doch der Grund für alles ist Liebe, und um mehr Licht in dein Leben bringen zu können, mußt du die Angst vor dem Tode verbannen.

FRED ERLÄUTERT REINKARNATION

Was ein Mensch über Unsterblichkeit glaubt, beeinflußt seine Ansicht über jedes Gebiet des Lebens

John Sutherland Bonnell

Das zeigt dir, wie weit der menschliche Geist sich dehnen kann. Du hast von tiefgehenden Emotionen und Gefühlen gehört. Wir verurteilen sie nicht. Es ist nicht unsere Absicht, von unserer Dimension Urteile über unsere Mitmenschen zu fällen. Die Menschen verurteilen sich selbst gegenseitig viel zu viel. Es wäre besser, Hilfe anzubieten, die man ablehnen oder akzeptieren kann. Wir kritisieren auch niemanden, der unsere Ratschläge nicht annehmen will. Wir wenden uns nicht ab, wie ihr es gegenseitig tut, und sagen «Na, du hast ja nicht auf meinen Rat gehört.» Hier bei uns tun wir alles aus Liebe, es gibt keinen anderen Grund. Wir wollen nicht beweisen, daß wir Recht haben, sondern haben andere Kriterien als ihr.

Um als Führer dienen zu können, müssen wir bei unseren Ratschlägen etwas Distanz wahren, dürfen uns nicht emotional einbringen. Es ist nicht leicht, doch meist gelingt es uns. Manchmal fällt es uns sehr schwer, doch jede Erfahrung bringt uns dieser nötigen Distanz etwas näher. Das bedeutet nicht, daß es uns an Liebe mangelt; spirituelle Liebe unterscheidet sich von emotionaler Liebe. Sie liebt den ganzen Menschen, unabhängig von Hautfarbe, Glauben, Fehlern oder Tugenden. Spirituelle Liebe ist einfach da. Sie ist mit dem Kern deines Wesens verbunden, ist ein starkes Band und unabhängig davon, ob sie erwidert oder genährt wird. Diese Liebe ist ein Zustand des Seins und kann nicht daran gemessen werden, wie viele Jahre oder Monate man gebraucht hat, ihn zu erreichen. Man kann nicht sagen, daß man ihn in den vier, fünf, sechs oder zehn Jahren, die man in unserer Dimension verbracht hat, gelernt haben muß. So kann es nicht funktionieren.

Wir stehen alle an unterschiedlichen Punkten unserer Entwicklung.

Außerdem beziehen wir unterschiedliche Lernerfahrungen und Weisheiten aus unseren früheren Leben. Uns ist bewußt, daß es viele spirituelle Geister gibt, die an die Theorie und Philosophie der Reinkarnation nicht glauben, und sich unter ihresgleichen bewegen.
Die Theorie der Reinkarnation ist in viele Aspekte aufgegliedert, die einen menschlichen Geist innerhalb seines physischen Körpers sehr verwirren kann. Erst an einem bestimmten Punkt unserer spirituellen Entwicklung begreifen wir die Theorie. Es ist eine Tatsache, daß aufgrund des menschlichen Mangels an Entwicklung, die Seele eine Wanderung begann – die sogenannte Seelenwanderung –, um immer wieder einen Körper und eine Zeit auszuwählen, in der sie das Rad ihrer Entwicklung fortsetzen kann, um die nötigen Lektionen für den Aufstieg der Seele zur Gottheit zu lernen.

Stelle dir einen Hamster in seinem Rad vor. Beobachte das Haustier in seinem Rad und stelle fest, daß seine Bewegungsmöglichkeiten sehr begrenzt sind.
Es kommt nicht sehr weit voran – genau so ist es mit dem physischen Lebensrad eines Menschen. Oft kann sich eine Seele an etwas erinnern, ein Gefühl, das du als deja vu bezeichnest – «Ich habe das schon einmal getan». Du genießt das Gefühl und bist Dir nicht im klaren, daß du etwas wiederholst, was du schon früher einmal getan hast. Es gibt einen Unterschied, doch besteht die Möglichkeit, etwas Begonnenes zu beenden. Es kann auch sehr verwirrend sein. Du ziehst ähnliche Umstände in unterschiedlichen Umgebungen an, um bestimmte Lektionen zu lernen. Doch aufgrund deiner begrenzten Sicht und Wahrnehmung, hältst du gewisse Situationen für reines Pech und fragst dich, womit du sie verdient hast.

Du betrachtest deinen Lebenszyklus oder den eines anderen voller schlimmer Erfahrungen und denkst, weshalb diese Personen soviel Unglück erfahren, obwohl sie es nicht verdienen. Richtig, vermutlich verdienen sie es nicht, doch irgendetwas aus einem früheren Leben existiert oder ist geschehen, was dem Gleichgewicht der Naturgesetze folgend dazu führt, daß diese Person gewisse Erfahrungen anzieht. Das nennt man Ursache und Wirkung. Die Ursache mag einige Inkarnationen zurückliegen. Es mag einige Leben erfordern, dich soweit zu entwickeln, die richtige spirituelle Reife zu erlangen, um in der Lage zu sein, die Auswirkung von einst jetzt zu verkraften.

Wenn du beispielsweise den Lebensweg eines anderen Menschen beobachtest und siehst, daß er selbstsüchtig, grausam und eigennützig gegenüber anderen gehandelt hat, und dafür jetzt die ‹Retourkutsche› bekommt, hast du kein Problem, das zu akzeptieren. Es fällt dir leicht, du erwartest es sogar, denkst, derjenige hätte nichts Besseres verdient. Aber wie ist es bei einem anständigen Menschen, der ein Leben in den Dienst an anderen stellt, der gütig und liebevoll ist, der wundervolle Schwingungen und Energien verbreitet? Du bemerkst, wie schlimme Erfahrungen ihn heimsuchen und kannst es nicht begreifen, da seine Seele deiner Meinung nach vom Universum keine solche Behandlung verdient hat.

Doch dieser Mensch, diese gütige selbstlose Seele hat gerade eine spirituelle Reife erlangt, die sie in die Lage versetzt, diesen Widrigkeiten – die andere zum Untergang verdammen würden – standzuhalten, und zu verarbeiten, bis die Schuld von einst abgetragen ist. Du mußt dir das klarmachen. Du kannst natürlich, das ist dein gutes Recht, auch deine Augen vor der Theorie der Reinkarnation verschließen. Doch wenn du einen Lebenszyklus genau studierst, sagt dir dein gesunder Menschenverstand, daß es regelrecht unmöglich ist, binnen siebzig, achtzig oder neunzig Jahren, die blitzschnell vorbeigehen, alle Erfahrungen zu machen, die dich zu einem Grad der spirituellen Reife führen.

Du hast vielleicht an einem Aspekt deiner Persönlichkeit gearbeitet, hast einen Fehler oder eine Schwäche behoben oder in eine Tugend verwandelt. Du hast vielleicht einen Fehler wie Eifersucht, Habgier oder Neid bearbeitet, so daß du am Ende deines Lebens deinen Mitmenschen ohne diese Schwächen begegnen und deine geliebten Nahestehenden zurücklassen kannst. Falls dem so ist, hervorragend! Du hast ein weiteres T-Shirt gewonnen! Du hast das geschafft. Wenn dir einige dieser sogenannten Fehler fremd vorkommen, du deinen Mitmenschen weder Eifersucht, Habgier oder Neid entgegenbringst – dann hast du diese Schwächen bereits hinter dir gelassen.
Vielleicht ist dir aber auch nicht bewußt, daß du sie nicht in diesem, sondern einem früheren Leben verarbeitet hast. Du magst ein sehr dominantes Wesen gehabt haben, ein Kontrollfreak gewesen sein, der andere manipulieren und dominieren wollte. Daher begibst du dich in einem anderen Leben, um den Ausgleich der Naturgesetze wieder herzustellen, in eine Situation, in der du selbst dominiert wirst.

Dies sind nur hypothetische Ideen und Lernbeispiele, denn es fällt den Menschen schwer, es zu begreifen. Die Theorie der Reinkarnarion, wie sie bislang gelehrt wurde, ist schwer zu verstehen. Uns nun wird es immer klarer, daß es tatsächlich nicht die gesamte Seele ist, die in einen anderen Körper wechselt, sondern nur ein Teilaspekt von ihr. Viele Aspekte könnten gemeinsam in einen Körper wechseln, und man würde von Genetik sprechen.
Du könntest viele Familienzüge aufweisen. Du hörst, wie manche sagen «Sie ist genau wie ihr Großvater» – so entspricht deine Seele in manchen Teilen der gesamten Familie. Wie oft hast du gehört «Sie sind nicht gestorben, ein Teil von ihnen ist immer bei uns.» Man hört es oft, doch die Menschen wissen selten, welche Wahrheit dahinter steckt.

Stück für Stück versuchen wir, euch den wahren Aspekt der Reinkarnation nahe zu bringen und euch nicht zu verwirren. Ja, manche Aspekte deiner Seele erinnern sich an die Erfahrungen aus der Akashachronik und es kann sehr verwirrend sein, wenn ein Seher eine Inkarnation (Polnisch, Russisch oder andere) im Jahr 1705 entdeckt, während ein anderer Seher dich in Frankreich an Napoleons Seite kämpfend findet. Das ist insofern logisch, als verschiedene Teile deiner Seele in verschiedenen Körpern wiedergeboren werden können. Es ist möglich, doch schwer zu begreifen, wenn man an die Theorie der Reinkarnation denkt – «Ich kehre als zwei verschiedene Menschen zurück?»
Ein sehr weit entwickelter Teil von dir kann als ein fortgeschrittener Mensch reinkarnieren, während ein anderer als weniger fortgeschrittener Mensch wiedergeboren wird. Du magst das für sehr verwirrend halten, doch tatsächlich ist es sehr einfach, denn wir geraten jetzt in eine Zeitepoche, in der die Menschen Wissen sehr viel schneller aufnehmen und begreifen, und es ist notwendig, anzuhalten, denn es geht um die Evolution der gesamten Erde.

Die Lage ist wirklich ziemlich ernst, weshalb höher entwickelte Wesen auf euren Planeten gelangen, die spirituelle Dinge viel schneller begreifen, um euch die Zukunft des Planeten Erde zu erklären.
Nicht, um euch zu ängstigen, sondern, um euch den Ernst der Lage und die Krankheit dieses Planeten begreiflich zu machen. Daher ist es eine sehr wahrscheinliche und zutreffende Theorie, denn viele Menschen sagen «Wie kann der Geist meines Vaters oder Geliebten mit mir kommunizieren, wenn er bereits wiedergeboren ist?»

Also, wenn es ein besonderes Wissen gibt, braucht man es heute, um den Planeten zu retten. Es ist neuartig, was gerade durchbricht. Wir müssen flexibel, offen, aber nicht leichtgläubig sein, denn für jede neue Theorie oder Lehre, die wir zu euch bringen, gibt es auch eine Art von Beweis.

Vielleicht erscheint ein Buch, oder etwas anderes, das unsere Theorie bestätigt. Dieser Glaube verletzt oder schadet unserem Ego nicht. Es ist die richtige Zeit, den Menschen die Wahrheit über Reinkarnation beizubringen und etwas Verwirrung in manchen Denkweisen zu beseitigen. Es ist wichtig, daß sie verstehen, daß ein Teil eurer Seele im Geiste lebt, und ein anderer Teil höher entwickelt ist und über all das Wissen und Weisheit verfügt, die ihr sucht.

Immer mehr Menschen üben sich in Meditationen, ziehen ihr Höheres Selbst zu sich heran und denken mit ihm. In Verbindung mit dem Höheren Selbst ist nichts unmöglich. Es gibt so viele beeindruckende Teile deiner eigenen Seele. Ein Teil von dir lebt in deinen Enkeln weiter und du fragst dich, wie das sein kann. Die Theorie der Reinkarnation war immer für alle orthodoxen Religionen zugänglich, auch wenn sie oftmals von eitlen und machthungrigen Personen kontrolliert, unterdrückt und anderen versagt wurde. Es ist wichtig, sie der Menschheit zurückzugeben, damit die Menschen einander verstehen, helfen, und weniger selbstsüchtig sind. Es ist nicht so wichtig zu erkennen, ob sie höher entwickelte Wesen sind oder auf einer niedrigeren Stufe stehen. Was wirklich bedeutsam ist, sind die Lektionen, die es zu lernen gilt, um sich spirituell zu entwickeln und zu reifen: um ihre eigenen Leben zu verstehen, zu begreifen, weshalb manche Dinge geschehen, diese zu erkennen und zu verarbeiten, und bei allen emotionalen Angelegenheiten offen zu bleiben.

Dies kann man tun, ohne etwas zu zerstören. Es ist sogar sehr konstruktiv, offen zu sein, Erfahrungen anzuerkennen und zu verarbeiten. Denn jedes Mal, wenn du einen Fehler, eine Schwäche (wie du es auch immer nennen möchtest) verarbeitet hast, hast du ein spirituelles Ziel erreicht. Viele Menschen fragen Doris «Was ist meine Mission?». Sie hält Seminare über den rechten Pfad der Seele, in denen sie sich konzentriert und jedem einzelnen Menschen seelische Energie spendet, um ihr oder ihm den richtigen Pfad der Vergangenheit, der Gegenwart und der Zukunft zu zeigen. In vielen Fällen erscheint es so einfach und den Menschen erklärt sie, einfach nur Liebe zu sein. Die denken dann: Ist das alles?

Es ist alles!
Zu lernen, Liebe zu sein und eine spirituelle Seele in einem physischen Körper, somit spirituelle Liebe zu sein, ist sehr schwer. Es klingt zu einfach, vielleicht auch nicht glamourös genug für ihre Denkweise.
Dennoch ist es eine der wichtigsten Lernaufgaben: Alle inneren Dämonen zu konfrontieren, zu lieben, seine Sicht und Denkweise nicht von Emotionen verschleiern zu lassen, sondern auf eine etwas distanzierte, liebenswerte Art und Weise einfach nur zu *sein*.
Das ist das beste Beispiel für alle Seelen, die nach spiritueller Erleuchtung suchen. Jede Seele, jeder Funke einer Seele wählt den Weg, der für ihren Zweck am besten geeignet ist. Es ist nicht unsere Aufgabe, den erwählten Weg zu verurteilen, denn sie haben gewählt, was richtig für sie ist, genau wie dein Weg der Richtige für dich ist.

So wurde derjenige Pfad zur Erleuchtung gewählt, auf dem die Seele begreift, welche Macht sie besitzt, mit allen Geschehnissen, allen Erfahrungen auf dem langen Weg umzugehen.
Manchen Seelen gelingt dies besser als anderen, doch kein Mensch ist besser als ein anderer. In diesem Sein sind wir einander gleich, denn als Wesen spiritueller Liebe weißt du, daß du genauso gut bist wie ein anderes, nicht besser. Das ist der wahre Zustand des Seins: sich mit niemandem zu vergleichen, sondern einfach zu sein.

Um dies alles mitzuteilen, habe ich viel gesucht und gelernt. Ich habe noch sehr viel zu lernen, denn bis jetzt besitze ich nur einen winzigen Funken Wissen und kann daher die riesige Menge vom dem, was

darüberhinaus noch zur Verfügung steht, einschätzen. Mancherlei muß auch wieder verlernt werden, einiges davon bekannt, anderes sehr verwirrend. Doch wenn wir dies einfach akzeptieren, weiter voranschreiten, und nur daran denken, daß im rechten Moment ein Funken Erkenntnis anschlagen wird, dann werden wir verstehen, weil wir offen genug dafür waren.
In einen verschlossenen Geist wird weder Wahrheit noch Wissen eindringen, doch ein offener kann entzündet werden, und zu hellen Flammen der Wahrheit auflodern.
Ein sehr bekanntes Theaterstück enthält folgende Worte: «Sein oder nicht sein, das ist hier die Frage. Ob's edler im Gemüt, die Pfeile und Schleudern des wütenden Geschicks erdulden, oder, sich waffnend gegen eine See von Plagen, durch Widerstand sie enden… Sterben, schlafen, vielleicht auch träumen.»

Wir können auch einfach träumen, uns ausschließen, doch ich würde eine andere Antwort bevorzugen – es ist besser zu Sein, zu lieben. Es ist eine wichtige Vision auf dem Pfad der Seele zur Erleuchtung – einfach zu sein.

SICH TREIBEN LASSEN

Das Beste an der Zukunft ist, daß sie einen Tag nach dem anderen passiert

Abraham Lincoln

Dies ist ein Satz, der heutzutage vielen über die Lippen kommt. Ob in den Zeitungen, im Fernsehen oder im Radio, so oft raten die Menschen, «sich treiben zu lassen». Was genau bedeutet das?
In den letzten Jahren, als ich der Philosophie des sich treiben lassen zu folgen versuchte, fand ich es manchmal leicht, manchmal eher als Kampf, und sobald man gegen etwas ankämpft, kann man sich nicht mehr treiben lassen. Viele Menschen interpretieren es falsch und denken, «wir müssen nichts tun. Wir überlassen alles dem Universum, es ist reichhaltig und irgendwie wird, was immer wir benötigen, sich ohne unser Zutun manifestieren. Wir müssen uns nur zurücklehnen.» Diese Haltung kann man leicht diesem Satz entnehmen.

Sich treiben lassen bedeutet jedoch, alles zu tun, was in der eigenen Macht steht, bis wir überzeugt sind (oder uns haben überzeugen lassen), alles Mögliche getan zu haben, bis zu dem Punkt, an dem wir nicht mehr weiterkommen. Dann überlassen wir es der Macht des Universums und glauben an sie und ihre Wunder. Anders gesagt, der Satz «sich treiben zu lassen» und die dahinter stehende Philosophie kann, wenn wir dies zulassen, uns Geduld und Glauben lehren.

Wir alle wissen, daß es für Glauben keinen konkreten Beweis gibt. Er existiert einfach, wir fühlen ihn, spüren ihn in unserem inneren Selbst und haben Vertrauen. Sei es der Glaube an eine höhere Macht, Engel, spirituelle Führer, wie du sie auch immer nennen willst, oder auch unsere eigene Intuition. Wir können ihn nicht beweisen, wir haben einfach Glauben, und genau das ist Teil des sich treiben lassen.

Wir geben in einer bestimmten Situation unser Bestes, und es geht dennoch nicht weiter, es scheint festzustecken. Dann haben wir mehrere Möglichkeiten.
Wir erkennen die Philosophie an und erklären, es hatte nicht sollen sein, und vergessen es. Oder wir akzeptieren es und sagen, «es ist nicht der richtige Moment für diese Begebenheit; ich werde Geduld haben müssen und lasse mich daher treiben.»
Als gutes Beispiel stelle dir einmal vor, du sitzt in einem Kanu und hast weder Ruder noch Steuerung. Du lehnst dich zurück und überläßt der Strömung die Führung. Wir spüren keine Angst oder Sorge, nur das innere Wissen, daß wir, wenn wir mit dem Strom fließen und nicht dagegen ankämpfen, dank unseres Glaubens und Vertrauens, ins Meer des Lebens geführt werden. Denn das ist das Ziel, auf das wir alle mit unseren Kanus hinpaddeln wollen, um Teil des wundervollen Meeres des Lebens zu sein. Dazu müssen wir Glauben und Vertrauen haben, daß wir dorthin gelangen und dort in Sicherheit sein werden. Es bedeutet, wir müssen uns zu einem gewissen Grad unterwerfen, jedoch weder unseren freien Willen oder unsere Individualität aufgeben.

Oh, nein, wir unterwerfen uns einem größeren Willen, einer größeren Macht, einer Macht, die alles manifestieren kann, wenn wir nur Geduld und Vertrauen haben. Mit anderen Worten, wir lassen uns treiben. Wir tun alles, was wir können, akzeptieren und unterwerfen uns der Göttlichen Macht – was auch immer dies Macht für uns ist – und lassen uns treiben in dem Wissen, daß unser kleines Kanu in das Meer des Lebens geführt und uns kein Schaden treffen wird.

Diese Worte jetzt auszusprechen und zu hören, ist wundervoll und sehr leicht, doch wenn wir uns in dem Kanu befinden und dem reißenden Strom ausgeliefert sind, kann das Wasser sehr tosend und stark sein. Wir fühlen uns verletzlich, werden von einem Ufer an das nächste geschleudert, und dennoch Vertrauen zu haben und sich weiter treiben zu lassen, erfordert einen sehr starken Glauben. Doch das ist die einzige und beste Möglichkeit, die wir haben: nicht dagegen anzukämpfen. Gegen den Strom anzukämpfen, ist sehr ermüdend. Genauso ist es mit dem Leben: Wellen der Verzweiflung drohen uns zu überwältigen, und wir kämpfen gegen sie an, versuchen, durch sie hindurch zu schwimmen. Warum geben wir nicht auf, lassen uns durch die Verzweiflung hindurch treiben, in dem Wissen, daß wir es überstehen werden, daß die Macht Gottes am höchsten ist, wenn wir gegen die Wellen der Verzweiflung anzutreten versuchen? Warum geben wir unseren Kampf nicht auf und vertrauen darauf, es durchzustehen? Kämpfe nicht dagegen an, sondern lasse dich vom Fluß des Lebens treiben und akzeptiere, daß alles, was geschieht, keinerlei Strafe darstellt. Es soll uns eine wichtige Lektion beibringen. Nämlich die, daß wir durch Glauben, Geduld und Hingabe zu Gott lernen, den Tanz des Lebens zu tanzen, statt in einem dunklen Meer der Depression zu verweilen.

Also beinhaltet, sich treiben zu lassen: Mut, Glauben und Hingabe.

Wenn es uns einmal gelungen ist, uns treiben zu lassen, werden wir vom Licht umhüllt und fühlen es in jeder Zelle unseres Körpers. Wir wissen, daß es sich gelohnt hat, und es ist ein wunderbarer Sieg, den jeder von uns erringen kann. Sich treiben zu lassen, ist eine wertvolle Erfahrung, die uns beibringt, der göttlichen Macht zu vertrauen.

Wie oft stellen wir uns Fragen bezüglich der Dinge und Projekte, die wir planen, vorbereiten, auf die wir uns freuen. Ob es sich dabei um eine spirituelle Reise handelt, ein Seminar, oder etwas Alltägliches wie eine Party oder ein Treffen mit Freunden. Wir strengen uns an, doch irgendetwas stimmt nicht. Wir sind traurig und enttäuscht und denken, daß wir nicht gut genug sind, die Sache nicht verdienen. Natürlich verdienen wir sie, natürlich sind wir gut genug. Nur manchmal können wir mit unserer begrenzten Sicht nicht erkennen, daß es nicht gut für uns wäre, wenn manche Dinge wie geplant geschehen würden. Die Energieströme könnten falsch sein. Wir könnten den Flug verpaßt haben, weil ein Desaster bevorstand und wir dem nicht zum Opfer fallen sollten. Allen Enttäuschungen unseres Lebens liegt eine Menge Weisheit zugrunde.

Wir können philosophisch sein und es akzeptieren, behaupten, es war uns nicht bestimmt. Oder wir können unsere Philosophie ausdehnen und erklären, das Timing habe nicht gestimmt, zu einem anderen Zeitpunkt würde alles ins Lot fallen, unser Plan aufgehen. Daher können wir die Bedeutung unserer Enttäuschungen erkennen, schätzen und akzeptieren, daß sie zu unserem Besten erfolgten. Wenn die Dinge dann geschehen, erkennen wir, alles gehört zu einem größeren Plan. Wenn wir den Dingen ihren Lauf lassen, sie in unser Leben integrieren, erfahren wir, daß alles zu unserem eigenen Besten geschieht. Mehr und mehr tritt die Philosophie in den Vordergrund, daß es so etwas wie Zufälle nicht gibt, daß alles Teil eines größeren Plans ist und so geschieht, doch das ist schwer zu akzeptieren. Wenn du dieses Stadium des Akzeptierens noch nicht erreicht hast, hast du noch nicht gelernt, dich treiben zu lassen. Deshalb kämpfen manche Menschen dagegen an, rufen in ihrer Verzweiflung aus «Warum ich? Wäre es nicht schön, wenn die Dinge etwas leichter wären? Wäre es nicht wundervoll, wenn alles zusammen käme?»

Das wird es. Alles wird zusammen kommen und leichter werden. Wir müssen nur lernen, uns hinzugeben, zu akzeptieren und wirklich lernen, uns treiben zu lassen.

Wie ich heute mit mehr Mitgefühl und Verständnis den Pfad meines eigenen Lebens betrachte, entdecke ich ein bestimmtes Muster darin.

Viele Menschen und Ereignisse haben mir wertvolle Lektionen vermittelt. In jungen Jahren hatte ich gelernt, ein emotionales Chaos durchzustehen.
Die Einlieferung meines Vaters in ein Internierungslager war eine sehr schmerzhafte Lektion. Wir wußten nicht, ob er je zu uns zurück käme, oder was für ein Mensch er durch diese Erfahrung geworden war. Er kam zurück, ja, äußerlich verändert, doch sein Geist, seine Essenz war noch vorhanden, immer noch gütig, liebenswert und mitfühlend.
Durch ihn und sein Leben begann ich zu lernen, die Vergangenheit loszulassen. Nicht zu hassen, sondern zu vergeben und zu versuchen, in jedem Menschen das Gute zu sehen. Es war ein langsamer, beschwerlicher Prozeß, doch sein Leben hat und wird mich immer inspirieren, das Bestmögliche zu tun, und mich dann treiben zu lassen.

Dank dir, Dad, Dank euch allen, die ich auf meinem Weg ins Licht getroffen habe. Ich habe und werde immer von euch allen lernen.

Kapitel 27

DIE ZWILLINGSTÜRME VON GLAUBEN UND LIEBE

(Als Inspiration empfangen als Nachwirkung der Katastrophe in Amerika im September 2001)

Shalom.

Es ist schön, hier bei euch zu sein, meine Freunde. Es war und ist immer noch eine schwere Zeit für alle physischen Wesen, und uns ist wohl bewußt, daß den Sensibleren unter euch die Schwingungen schwer zu schaffen machen. Wie ihr wißt, ist es nicht unsere Gewohnheit oder unsere Absicht, euch zu predigen, was ihr tun sollt oder nicht, denn wir wollen nicht als «Schönredner» erscheinen. Es ist leicht zu reden und Ratschläge zu erteilen, doch viel schwerer, in einer Zeit voller Sorgen, Unsicherheit und Verwirrung zu leben.

Viele Menschen der physischen Welt vergessen, daß auch wir einmal den gleichen schwierigen Weg gegangen sind, daß auch wir unsere Bürden zu tragen hatten. Es gibt kaum eine Seele, die ihren Weg des Lebens ohne jeglichen Kummer gegangen ist. Daher schätzen wir die Tatsache, daß einige von euch sich als Kanal für uns zur Verfügung stellen, damit wir die Energie von Liebe und Licht und Hoffnung bringen können. Wir versuchen immer klarzustellen, und werden nie damit aufhören, daß wir Hoffnung bringen wollen. Schon seit Anbeginn der Welt hat es Kämpfe zwischen Gegnern gegeben, und das wird es auch weiterhin. Es wird immer ein Streben nach dem inneren und äußeren Gleichgewicht geben, denn genau dieses Streben ist wichtig für die Seele, um einen für sich richtigen, spirituellen Weg zu finden.
Mit Trauer betrachten wir die Ereignisse, die in eurer Welt im Namen Gottes geschehen. Diese Menschen, die diese fürchterlichen Taten begehen und noch weitere planen, bitten regelmäßig ihren Gott um

Kraft, Hilfe und Nahrung von ihrer spirituellen Quelle. Und so empfangen sie ihre Nahrung und Kraft, denn selbst ein niederes Element kann einen Menschen nähren und kräftigen und ihn in ein «Hoch» führen, das glücklicherweise nicht von Dauer ist. Wir kommen, euch mitzuteilen, daß es nicht, wie viele von euch fürchten, zum Äußersten kommen wird. Es wird leider noch viel Blut vergossen werden und, noch schlimmer, Ereignisse geben, die zu üblen Gegenschlägen führen werden, doch vergeßt nicht die Höhere Macht und die Engel-Energien, die sich seit etwa zwanzig bis dreißig Jahre eurer Zeitrechnung in eurer Umgebung versammelt haben. Die Engel-Energien, wie ihr sie nennt, sind aus einem besonderen Grund da. Sie haben sich zu erkennen gegeben und etwas begonnen, was ihr einen «Kult» der Engel-Gefolgschaft oder Engel-Anbetung nennt, und das ihre Energie in euer Umfeld konzentriert. Ihr habt nun gesehen und erkannt, daß nichts zufällig geschieht, sondern alles auf eurer Welt einen Sinn hat. Viele von euch werden aus diesem Wissen Kraft schöpfen und eure eigene Energie und Schwingungen vergrößern, so daß das Licht die nahende dunkle Energie, die sich euch nähert, bekämpfen und verschlucken kann.

Aus diesem Grund ist es so wichtig, besonders in dieser Zeit, positiv zu denken, und sich nicht von der Angst leiten zu lassen. Hebt eure Sorgen mit positiven Gedanken, Liebe und Vertrauen auf, damit aus eurem Glauben und eurer Liebe ein Licht entsteht. Dieses Licht wird niemand zerstören können. Alle Waffen der Zerstörung sind von schwächeren Energien erfunden worden, und die Inspirationen, durch die jene Erfinder ihre Waffen – seien es biologische oder technologische – kreieren, stammen niemals von einer höheren Quelle. Da stehen wir wieder der Polarität gegenüber: ihr habt Licht und Dunkelheit, Tag und Nacht, Kälte und Hitze, ihr habt Furcht, und könnt doch Vertrauen haben.

Wie die Furcht entspringt der Glauben keiner Substanz, hat keinen Ursprung, man hat sie einfach. Manchmal versuchst du, deine Ängste beim Namen zu nennen, kannst ihre Quelle jedoch nicht erkennen, und genauso ist es mit dem Glauben: etwas für wahr zu halten, das du nicht beweisen kannst. Mit diesem Vertrauen kannst du positives Licht und Energie anziehen, und wenn du die Flamme nährst, kann sie nicht mehr gelöscht werden, egal, ob du dich in der physischen oder spirituellen Welt befindest.

In der physischen Welt findet eine große Reinigung statt. Diese Reinigung ist tatsächlich, wie wir vorhin erfahren haben, das Gesetz von Ursache und Wirkung. Die Wirkung all dessen ist... stelle dir eine Flamme vor, eine Flamme der Wahrheit. Diese Flamme ist Liebe, einfach so, ohne Beweis, nur dank des Glaubens. Erhöhe diese Flamme, indem du weiter daran glaubst, daß das Licht obsiegen wird. Das ist eine Tatsache. Wir könnten dir zahllose Beispiele nennen, in denen die Flamme der Wahrheit und des Licht obsiegt hat, die zahllosen Wunder aufzählen, die während Kriegszeiten und seitdem geschehen sind. Sie haben den Menschen bewiesen, daß es eine höhere Existenz gibt, und diese höhere Existenz ist Liebe. Wunder werden immer wieder geschehen.

Es bereitet uns Kummer zu hören, daß Menschen, die sich für uns als Kanäle zur Verfügung stellen, traumatische Erfahrungen durchmachen. Doch auch sie können diesen Turm des Vertrauens aufbauen, wie die Zwillingstürme, die man niedergerissen hat, obwohl sie aus Zement gebaut waren und sehr lange hatten stehen sollen. Ihr könnt euren eigenen Turm des Glaubens aufbauen, stärker als alles, was je ein Mensch geschaffen hat. Er ist eure eigene Waffe – oder kann es sein, wenn ihr es wollt. Ihr besitzt eure eigenen Zwillingstürme des Glaubens, die niemand ohne eure Erlaubnis einreißen kann. Wenn ihr jedoch Furcht in eure Gedankenmuster einfließen laßt, werden sie niedergerissen werden und alles, was übrig bleibt, wird Geröll, Asche und ein saurer Geschmack in eurem Mund sein.

Ihr habt die Wahl. Jeder Mensch hat die Wahl, ob er seinen niederen Instinkten folgen und Gewalttaten mit Gegengewalt begegnen will, oder ob er seinen eigenen Turm des Glaubens aufbauen und dafür sorgen will, daß das Licht niemals erlischt. Das Licht ist stärker, wie euch die Geschichte eurer Welt lehrt. Betrachtet euer Leben. Seht euch an, was euch umgeworfen, was eure Türme zerstört hat. Stein auf Stein habt ihr eure Türme des Glaubens wieder aufgebaut und damit auch euer eigenes Leben. Das habt ihr schon oft vollbracht, doch mit den Geschehnissen in eurer Welt ist die Zeit gekommen, diese Türme stärker zu machen, damit sie nicht wieder zerstört werden können. Laßt das nicht geschehen; gebt keinem die Erlaubnis, zuzulassen, daß irgendjemand eure Türme des Glaubens und der Liebe zerstört. Egal, was in eurer Welt geschieht, egal, welche Tragödien oder Zerstörungen geschehen, sie stammen nicht von Gott.

Wir erinnern euch daran, Gott ist Liebe. Er ist Liebe. Es gibt keine Frage. Er verurteilt und verdammt nicht. Er versucht euch daran zu erinnern, daß jede Seele besonders ist – nicht besser, sondern etwas Besonderes. Und jede Seele hat eine besondere Gabe, wenn sie sie nur zuläßt.

Also baut eure Türme des Glaubens. Wo immer ihr hingeht, was immer ihr plant, macht mit eurem Leben weiter. Plant jeden Tag, plant die Gegenwart. Lebt jeden Tag voll aus, voller Liebe, voller Vertrauen, damit euer Turm jeden Tag einen neuen Ziegelstein gewinnt, denn je mehr Steine euer Turm hat, desto heller wird euer Morgen sein. Lebt in diesem Moment, dieser einzige Moment ist der wichtigste in eurem Leben. Füllt ihn an mit der Hoffnung, daß alles gut werden wird, und ihr werdet vor dem Zubettgehen feststellen, euer Turm ist etwas stärker geworden. Egal, was dir am nächsten Tag widerfährt, du bist darauf vorbereitet, denn du bist weise und hast eine besondere Seele. Ihr habt eure eigene Festung, euren eigenen Felsen, euren eigenen Turm, den niemand niederreißen kann. Du kannst diesen Turm wie einen Kokon benutzen, dich darin aufhalten, nichts kann durch seine dicken Wände dringen. Der Turm ist dein Schild, deine Kraft, deine Waffe. Nur Licht kann ihn durchdringen; Haß und Zerstörung prallen von seinen Mauern ab, denn er ist, wie du, unzerstörbar. Unzerstörbar wie deine Seele, dein wahres Ich, dein Geist, also mußt du nicht der Angst erlauben, ihn kaputt zu machen. Es gibt nichts, wovor du dich fürchten mußt. Erfülle deinen Tag randvoll mit all den hellen Gedanken, zu denen zu fähig bist. Jeder helle Gedanke, der in dein inneres Selbst eindringt, ist ein weiterer Stein für deinen Turm des Glaubens und der Liebe. Und wenn jede Seele der physischen Welt die Kraft dieses Turms erkannt hätte, hätte es keinen solchen Krieg gegeben… denn dann hätte der Mensch der physischen Welt gelernt, das zu sein, zu dem er bestimmt ist, nämlich diese Liebe zu sein.

Wir wissen, daß es auf diesem Planeten, in diesen Schwingungen einen Grund für die Polarität des Gleichgewichts gibt, und manchmal ist das Fundament eures Turms erschüttert, so daß ihr ins Wanken geratet. Begebt euch dann in die Stille eueres inneren Selbst und beginnt, die Ziegelsteine nach und nach aufzubauen… baut euren Turm des Glaubens, der Liebe und des Lichts stark und hoch. Ihr seid die Architekten eures Turms und entscheidet, wie dick, breit und hoch ihr ihn haben wollt. Denkt gut nach, lebt gut, und plant sorgfältig jede Sekunde eures Lebens. Schaut nicht voller Angst in die Zukunft. Baut nur eure Türme des Glaubens, der Liebe und des Lichts.

Das ist alles, was wir euch sagen wollten, um euch daran zu erinnern, wer ihr seid. Wir hoffen und beten, daß es nicht nach einer Predigt klang, sondern euch konkrete Hoffnung gegeben hat. Wie wir gekommen sind, so gehen wir auch, als eure Freunde, die Wesen des Lichts.

Der Geist ist der Meister jeder Art von Schicksal; es schlägt in zwei Richtungen aus, ist der Grund des eigenen Glücks und Elends

Seneca

Abschließende Worte der Autorin Doris Forster

Danke meiner Lehrerin Marjorie Shaw, die mich auf diesen Weg gebracht hat.

Danke, liebe Elsie Stobbart, Du hast mir immer wieder Mut gemacht.

Ich bedanke mich bei meinen lieben jenseitigen Begleitern, die mich mit ihrer liebevollen Energie viele Male fast getragen haben.

Natürlich möchte ich hier ebenso Dieter und Conny Wiergowski erwähnen: durch ihre Zeitung, «Die andere Realität», und die zahlreichen Kongreß-Veranstaltungen, war und ist es mir möglich, meine spirituelle Arbeit in Deutschland durchzuführen.

Und Jürgen Weigel, Verleger, und ehrlicher Freund, dem man vertrauen kann.

Danke Euch allen für Eure Unterstützung und Freundschaft.